Michail Gorbatschow
Wie er unser Leben veränderte

Bettina Schaefer ist Journalistin. Sie gilt als Pionierin des erzählenden historischen Sachbuchs, Kategorie Biografie, mittels narrativ aufgezeichneter Interviews von ZeitzeugInnen.
Herausgeberin von „Mensch Genscher – Persönliches" (2018), „Für Freiheit kämpfen – selbstbestimmt leben / Erinnerungen an Wladyslaw Bartoszewski (dt. 2017, poln. 2017), „Ich bleibe Optimist, trotz allem – Erinnerungen an Noah Flug" (dt. 2014, engl. 2015), „Helden sind die, die bleiben – Als Krankenschwester im Krisengebiet" (2011), „Lass uns über Auschwitz sprechen" (2009).
Ihr Werk wurde mehrfach international in den USA und Kanada in der Kategorie „Biografie" ausgezeichnet, zuletzt mit der Goldmedaille für das „Beste europäische Sachbuch" bei den IPPY-Awards in New York.
Sie lebt in Hamburg und Berlin.

Michail Gorbatschow
Wie er unser Leben veränderte

Herausgegeben
von Bettina Schaefer

Die Deutsche Nationalbibliothek verzeichnet diese Publikation in der Deutschen Nationalbibliothek; detaillierte bibliografische Daten sind im Internet unter http://dnb.dnb.de abrufbar.

1. Auflage Juli 2023
© Bettina Schaefer
© jetztzeit verlag Hamburg
Alle Rechte vorbehalten.

Umschlaggestaltung: Reichert dtp+design, Dormagen
Foto Cover Vorderseite: Staatsarchiv Bremen / Jochen Stoss
Foto Cover Rückseite: jetztzeit verlag Hamburg
Satz / Layout / Herstellung: Rafaela Nimmesgern
Druck und Bindung: CPI books, Leck
Printed in Germany

www.jetztzeit-verlag.de

ISBN 978-3-9824176-2-2

*Für Ingrid und Horst Jacobsen,
Rapstedt, Dänemark*

„Wir müssen zusammenkommen und miteinander reden.
Wir müssen die Probleme im Geist der Bereitschaft zur
Zusammenarbeit anpacken, und nicht im Geist der Feindseligkeit.
Ich weiß sehr wohl, dass nicht jeder mit mir einer Meinung
sein wird. Ebenso steht fest, dass auch ich nicht mit allem
einverstanden sein werde, das andere zu bestimmten Themen
und Fragen vorzubringen haben."
*Michail Gorbatschow: „An den Leser", in „Perestroika / Die zweite
russische Revolution / Eine neue Politik für Europa und die Welt"
(Droemer Knaur, 1987).*

Zu diesem Buch

Bis zuletzt ist es nicht sicher, ob der Besuch stattfindet. In den frühen Vormittagsstunden des 29. Januar 2019 bekomme ich eine Nachricht gemailt. Ich sitze gerade in Moskau beim Frühstück in einem kleinen Café in der Nähe vom Roten Platz und lese: Ja, Michail Gorbatschow geht es gut. Wir können um 15.30 Uhr in die Gorbatschow-Stiftung in der Leningradsky 39 kommen.

Zu Besuch bei Präsident Gorbatschow: Nie hätte ich im Entferntesten gedacht, ihm einmal persönlich zu begegnen. Und jetzt das. An meinem 57. Geburtstag. Eine wunderbare Überraschung.

Das ist genauso überraschend wie 2017, als ich den ehemaligen Generalsekretär der KPdSU frage, ob ich für ein Interview nach Moskau kommen könne. Damals wurde mir abgesagt, weil Herr Gorbatschow im Krankenhaus lag. Aber die Fragen für das Buch über seinen Freund Hans-Dietrich Genscher, die könne ich gerne mailen, hieß es. Die würde er beantworten. Und tatsächlich: Es kommt ein Text auf Russisch und als ich die Übersetzung lese, freue ich mich sehr. Es ist kein trockener Text, sondern passt zwischen die narrativ aufgezeichneten Interviews über den ehemaligen deutschen Außenminister.

Zur Buchpräsentation am 12. Dezember 2018 in Berlin im Genscher-Haus zum 70. Geburtstag der FDP hat Herr Gorbatschow nicht kommen können. Die Gesundheit. Heute bringe ich ihm sein Belegexemplar persönlich vorbei. Wir verbringen eineinhalb gemütliche Stunden: „Ich bin der Letzte", sagt Michail Gorbatschow unter anderem, „alle anderen sind tot."

Und: „Ich hatte die Chance, als Generalsekretär der KPdSU umzusetzen, was ich mir vorgenommen hatte", sagt er. „Das, was ich tun konnte, habe ich getan."

Zwei Tage nach dem Tod von Präsident Michail Gorbatschow beginne ich am 1. September 2022 mit der Arbeit an diesem Buch. Das Ziel: am 1. Todestag einen Beitrag zum würdigen Gedenken an den Weltpolitiker vorzulegen. Der Fokus des Buches soll auf ihm als Mensch und darauf, wie er unser Leben verändert hat, liegen.

Das Buch soll ein Buch in Gorbatschows Sinn werden: zusammenkommen, miteinander reden und unterschiedlichen Perspektiven zuhören. Damit ist klar: Das Buch wird kein Jubelbuch. Es beschäftigt sich neben den Stärken auch mit den Schwächen des genialen Politikers.

Vor der Umsetzung steht der Satz von Gorbatschow, alle anderen seien tot. Wie finde ich – Russischkenntnisse gleich null – jetzt Menschen, die ich befragen kann? Eine Todesanzeige in der Frankfurter Allgemeinen Zeitung – initiiert von Klaus Mangold – vom Sonnabend, 3. September 2022, bringt mich weiter. Dort finde ich die ersten Gesprächspartner. Die Gorbatschow-Stiftung in Moskau, Michael Hoffmann vom Deutsch-Russischen Dialog und Wolfgang Eichwede, ehemals Leiter der Forschungsstelle Osteuropa in Bremen, helfen ebenfalls mit Kontakten.

Zwischen September 2022 und Mai 2023 bitte ich 21 Freundinnen und Freunde, Weggefährten, Mitarbeiter und Menschen aus dem Inner Circle um Gorbatschow bis hin zu jenen, die ihm zufällig begegneten, mir in Interviews über ihn zu erzählen. Die Erinnerungen beginnen 1985 und enden kurz vor seinem Tod 2022. Fragen an die Menschen aus den USA, Schweden, Russland, der Schweiz und Deutschland sind unter anderem: Wann trafen Sie ihn das erste Mal? Wie haben Sie ihn erlebt? Wie war Ihr Eindruck? Wie war er als Vorgesetzter? Was haben Sie von ihm gelernt? Was mochten Sie an ihm und was nicht? Wie veränderte er Ihr Leben?

Die Themen reichen von seiner Wahl 1985 zum Generalsekretär der Weltmacht Sowjetunion bis zu den Reformen Perestroika und Glasnost, in deren Zusammenhang er 164 Millionen Menschen in Osteuropa die Freiheit gab. An sein politisches Ende wird erinnert, den Aufbau der Gorbatschow-Stiftung, der international tätigen Umweltschutzorganisation Green Cross International und an seine Tätigkeit beim Petersburger Dialog.

Das Erinnern an diesen „außerordentlich warmherzigen" Menschen (Horst Teltschik, S. 40) geht nah. Ich höre zu, wenn die Worte fehlen, Sätze unvollständig bleiben, die Stimme bricht. Der Wahrheit die Ehre: Michail Gorbatschow hat in unseren Leben viel bewegt. Das bewegt uns, inklusive mich – trotz journalistischer Distanz.

Zur Herangehensweise: Das narrativ aufgezeichnete Interview von Zeitzeuginnen und Zeitzeugen ist ein Interview, aufgeschrieben ohne meine Fragen – auch, weil die immer gleich sind. Die Interview-Transkripte redigiere ich vorsichtig, damit die Teilnehmerinnen und Teilnehmer ihre Art zu erzählen behalten. So bleiben die subjektiven Erinnerungen authentisch und haben die Kraft der Gegenwart. Das mag manchmal etwas holprig klingen: Es sind Gespräche und keine Essays.

Diane Meyer Simon war leider gesundheitlich nicht in der Lage, ein Interview zu geben. Sie beantwortete die Fragen schriftlich und mailte mir ihren Nachruf auf Michail Gorbatschow zur Ergänzung zu.

Die Texte legte ich zur Autorisierung vor. Das war vor allem bei den Gesprächen via ZOOM und WhatsApp eine gute Idee: All die geschluckten Worte und „What did you say?" werden im Transkript zu einer Art Lückentext, den es zu vervollständigen gilt. Die historischen Fakten sind geprüft. Sollten sich dennoch Fehler eingeschlichen haben, schreiben Sie bitte an info@jetztzeit-verlag.de. Ich verbessere das gern.

Allen Beteiligten gilt mein Dank, dass dieses Buch zum 1. Todestag von Präsident Gorbatschow vorliegt.

Hamburg/Berlin, im Juli 2023
Bettina Schaefer

Inhaltsverzeichnis

Wie er unser Leben veränderte   14

Sonja Eichwede   15
Ein Vorbild für mich

Eggert Hartmann   23
Eine immense Strahlkraft

Horst Teltschik   31
Außerordentlich warmherzig

Lothar de Maziére   43
Der Mutmacher

Alexander Likhotal   53
Steh' auf, mache weiter wie geplant

Gabriele Krone-Schmalz   63
Dieser Mann hatte Kampfgeist

Viktor Kuvaldin   77
Vermutlich zu human für seine historische Aufgabe

Martin Hoffmann   83
Eine Gedenkstätte für Gorbatschow

Marina Cronauer   93
Tagelang zusammen unterwegs

Ignaz Lozo   103
Was der alles ertragen hat

Klaus Mangold   115
Gegen alle Widerstände

Tonia Moya   123
Seiner Zeit weit voraus

Ruslan Grinberg   131
Mehr Mensch als Politiker

Henning Scherf   141
Ein gebildeter Vertreter der Zivilgesellschaft

Diane Meyer Simon   151
Seine Leidenschaft für große Diskussionen

Gregor Gysi   155
Er war kein Wirtschaftsmensch

Klaus Meine   167
Gefühlt waren wir per Du

Norbert Koch-Klaucke   173
Reden wir doch miteinander

Oxana Grinberg   187
Ein MENSCH in großen Buchstaben

Andreas Meyer-Landrut   195
Eine Freude, diesen Mann kennenzulernen

Wolfgang Eichwede   199
Diese zwei Gesichter

Anhang   210
Kurzbiografien, Interview- und Textnachweise,
Fotonachweise, Übersetzungen, Korrektorat, Juristische Beratung,
Unterstützung, Lektüre zum Weiterlesen, Danksagung

Wie er unser Leben veränderte

Sonja Eichwede
Juristin/Mitglied des Bundestags (SPD)
Berlin

Ein Vorbild für mich

Ich weiß nicht mehr genau, an was für einem Tag, es muss um den 3. Oktober herum gewesen sein. Gorbatschow war damals fast eine Woche in Bremen. Mein Vater hatte den Besuch organisiert. Die Tage waren komplett durchgetaktet, und bei einem großen Teil der Termine und Feierlichkeiten durfte ich dabei sein. Das war kurz vor meinem 10. Geburtstag.

Es war wohl in den ersten Tagen seines Besuchs, als wir zu Fuß zum Rathaus gingen. Der Marktplatz und der Domshof waren voll mit Menschen. Wir versuchten ein Spalier zu bilden, denn die Menschen wollten Gorbatschow sehen, ihn berühren, wollten

„Danke" sagen und ihn wissen lassen, wie er ihr Leben verändert hatte. Sie hatten Blumen dabei. Die Wiedervereinigung und der Zusammenbruch der Sowjetunion lagen noch nicht lange zurück. Auch als neunjährige Beobachterin habe ich wahrgenommen, wie groß die Freude war, Gorbatschow zu sehen.

1987 geboren, habe ich von der Wende und der Zeit danach noch nicht viel mitbekommen. Es gibt Bilder, wie meine Mama mich im Buggy 1989 oder 1990 durch das Brandenburger Tor geschoben hat. Wenn ich an all die Lebensgeschichten denke, die ich heute als ostdeutsche Bundestagsabgeordnete kennenlerne, erscheint es mir noch unglaublicher, was damals geschehen ist. Meine Generation kann vermutlich nicht das gesamte Ausmaß mitfühlen, was für ein besonderer Moment die Wiedervereinigung für andere war.

Wie man Gesellschaft verändern kann und wie sie durch Gorbatschow verändert wurde, war bei uns zu Hause über Jahre Thema. Mein Vater ist Osteuropahistoriker, und viele Gäste aus der ehemaligen Tschechoslowakei, aus Polen, der Ukraine und aus anderen Staaten waren bei uns zu Gast. So wuchs ich auf mit der Idee von und mit einem Gefühl für politischen Wandel. Selbst mit meinen neun Jahren war mir die Bedeutung Gorbatschows daher wohl teilweise bewusst.

An zwei Abende beziehungsweise Tage kann ich mich gut erinnern. Das eine Mal war Gorbatschow bei uns zu Hause eingeladen, konnte aber nicht kommen: Seine Frau Raissa war krank, und er wollte sich im Hotel um sie kümmern. Ich meine, das war auch eine Liebesgeschichte, die bis heute ziemlich legendär ist und über die viel gesprochen wurde. Jedenfalls fragte Gorbatschow meinen Vater, den er seit Längerem kannte und mit dem er befreundet war, ob es in Ordnung sei, wenn er an der Feier bei uns nicht teilnehmen würde, weil er wenigstens einen Abend bei seiner Frau im Hotel sein wollte.

Alle hatten dafür Verständnis, nur ich nicht. Ich wollte sehr, sehr gerne, dass er zu uns nach Hause kommt und dass dieses große Fest mit ihm gefeiert wird, und sagte irgendwem – ich kann mich nicht mehr erinnern, wer es war –: „Er soll einfach kommen. Das ist doch gar kein Problem. Ich trage mein Bett runter ins Wohnzimmer. Dann kann Raissa dort liegen und er kann an ihrem Bett sitzen und auch bei uns sein. Dann sind wir alle zusammen und können feiern. Und meine Mutter kocht sowieso den besten Borschtsch." Ich war fest davon überzeugt, dass das eine total gute Idee war.

Bei einer späteren Veranstaltung, wir waren im Bremer Umland bei dem Unternehmer Egon Harms zu Gast, kam Gorbatschow darauf zu sprechen. Herr Harms hatte dazu beigetragen, den Besuch möglich zu machen, und er hatte für die Gorbatschow-Stiftung gespendet. Bei ihm fand ein großes Fest statt. Ich saß schräg gegenüber von Gorbatschow. Er winkte mich zu sich und ich kniete so halb neben ihm, wir fassten uns an den Händen, es war ganz vertraut. Eggert Hartmann, der Dolmetscher des Auswärtigen Amtes, übersetzte und Gorbatschow sagte, dass er die Idee mit dem Bett sehr schön finde. Leider könne er dennoch nicht kommen, was ich sicherlich verstehen würde. Er wolle ein wenig Zeit mit seiner Frau verbringen, weil man sich doch liebe und sie auch Aufmerksamkeit brauche. Jetzt seien wir aber für immer Freunde.

Für mich war das ein wunderschöner Moment, auch weil er mir als Kind das Gefühl gab, dass er mich ernst nahm. Ich stand da in meinem gestreiften Rollkragenpullover, mit der kleinen Brille und dem Pferdeschwanz, und er zeigte sehr viel von seinem Verständnis für Menschen und für ein Miteinander. Mich hat das tief beeindruckt. Es gibt ein Foto von dieser Szene, das ein Fotograf des

"Weser Kuriers" gemacht hat, und ich freue mich heute noch, wenn ich es anschaue.

Dann gab es einen Termin bei einem großen Reitturnier in der Bremer Stadthalle, den German Classics, die später Euroclassics hießen und die es inzwischen nicht mehr gibt. Meine Eltern hatten keine große Lust, dorthin zu gehen, aber Henning Scherf, der damalige Bürgermeister von Bremen, hat mich mitgenommen. So saß ich zwischen Michail Gorbatschow und ihm, habe das Reitturnier angeguckt und fand alles unsagbar spannend. Als Kind ist eine Arena, sind die vielen Menschen und natürlich die Pferde einfach toll. Für mich Neunjährige war damit klar, dass Gorbatschow sehr tierlieb sein muss.

Ob Gorbatschow und Scherf von dem Event ebenso hingerissen waren? Da bin ich mir heute nicht mehr sicher. Ich würde sagen, dass man solche Termine im politischen Leben wahrnimmt, weil man weiß, dass man damit etwas bewirken kann. In Bremen war das damals wirklich der Fall, denn bei der Veranstaltung waren Spenden für Gorbatschows Stiftung organisiert worden. Er bekam bei der Siegerehrung einen Scheck überreicht und hing den Reitern ihre Medaillen um.

Für meine Familie war bei Gorbatschows Besuch sicherlich am wichtigsten, dass das Osteuropa-Institut, das mein Vater mitgegründet hatte und das gerade in ein eigenes Gebäude umgezogen war, von ihm eingeweiht wurde. Dieses Zusammenspiel: Dass der letzte Präsident der UdSSR ein Institut eröffnete, dessen Archiv die größte Sammlung Westeuropas an Untergrundliteratur aus der UdSSR beherbergte, das heißt: von Dokumenten, die genau gegen das Regime gerichtet waren, an dessen Spitze Gorbatschow gestanden hatte und das er mit Glasnost und Perestroika hatte reformieren wollen – das war etwas ganz Besonderes.

Zu seinem 75. Geburtstag war Gorbatschow dann nochmals mit einer kleinen Delegation in Bremen. Das war 2006 und ich war 17. Es gab Konzerte, Empfänge und Abendessen. Mit meinem Vater brachte ich ihn am Ende des Besuchs zum Flughafen und wir haben uns auf dem Rollfeld verabschiedet. Gorbatschow sagte: „Sonja, vielleicht schreibst du ja mal deine Doktorarbeit über mich." Dabei ging er davon aus, dass ich wie mein Vater Geschichte studieren würde. Ich lachte und sagte: „Nein, nein. Ich möchte doch Jura studieren." Das hatte ich mir schon früh in den Kopf gesetzt. Ich glaube, meine Entscheidung fiel, als ich 14 Jahre alt war. Er legte seine Hände auf meine Schultern und lachte mich an: „Ach wie schön! Dann werden wir Kollegen." Wir umarmten uns und sagten „Tschüss".

Es war einfach unglaublich, mit 17 begreift man das sehr viel mehr als mit neun Jahren: Da stand der wahrscheinlich wichtigste Mensch der zweiten Hälfte des vergangenen Jahrhunderts vor mir und sagte: „Dann werden wir ja Kollegen." Es berührt mich noch heute sehr: Ich erlebte, wie ich selbst ernst genommen wurde, und nahm wahr, wie Gorbatschow sein Gegenüber ernst nahm, ich habe das vorhin schon erwähnt. Auch wenn er sich bestimmt nicht so an die Szene erinnerte wie ich: Für mich haben diese Momente eine große Bedeutung. Ich konnte sehen, wie er im Gespräch mit anderen Menschen sofort schaute, wo es eine Verbindung zu ihm selbst und seiner eigenen Lebensgeschichte gab. Das ist für einen Menschen, der eine derartige Position innehat, nicht selbstverständlich. Ich glaube, je weiter man im politischen Leben nach oben steigt, desto schwerer wird es, Vertrauen zu fassen und sich zu öffnen. Die ganze Zeit steht man unter Druck, muss befürchten, dass bestimmte Dinge gegen einen verwendet werden können. Das ständige Im-Fokus-Stehen, dass immer eine Lupe auf das eigene Leben gerichtet wird, das verändert einen auch als Mensch. Was meistens am Anfang der politischen Motivation steht: Vertrauen zu Menschen zu fassen und etwas gemeinsam gestalten zu wollen, kann verloren gehen.

Gorbatschow war das offenbar nicht passiert. Ich erlebte ihn als nahbar, und das mochte ich. Er hat sich nicht wichtiger genommen als sein Gegenüber. Wenn man in die Politik geht, hat man meiner Ansicht nach eine dienende Funktion. Man ist ein Teil der repräsentativen Demokratie. Wir müssen vor Ort sein, zuhören, abwägen und uns eine Meinung bilden, was für die Menschen in unserem Land am besten ist. Nicht, dass wir im imperativen Sinne tun müssen, was gesagt wird, aber dass wir das Gesagte wahrnehmen und einbeziehen. In dieser Hinsicht war der Gorbatschow, den ich kennenlernen durfte, ein Vorbild für mich und ich hoffe, dass ich das so durchhalte.

Ich vermute, dass die letzten Jahre seines Lebens sehr schwer waren. Er lebte zurückgezogen und war sehr krank. Er sah, was mit seinem Land passierte und, was noch schwerer wiegt, wie schlecht die Beziehungen zwischen Deutschland und Russland geworden waren. Das gute Miteinander war ja eine Weltordnung, die er maßgeblich mit geschaffen hatte. Jetzt ist sie aus den Angeln gehoben worden. Um dies wieder ins Lot zu bringen, dafür wäre er ein sehr guter und wichtiger Ratgeber, auch wenn er in seinem eigenen Land zuletzt nicht mehr gehört wurde. Ein Großteil der Bevölkerung hat ihn für die schwierigen 1990er Jahre verantwortlich gemacht.

Seinen Tod fand ich unglaublich traurig. Zugleich denke ich: Wenn jemand so lange krank ist, muss man ihm die Freiheit geben, sich zu verabschieden. Er darf gehen, und es ist unsere Aufgabe als diejenigen, die bleiben, das zu akzeptieren und zu schauen, was einem dieser Mensch mitgegeben hat.

Eggert Hartmann
Dolmetscher
Berlin

Eine immense Strahlkraft

Im Sprachendienst des Auswärtigen Amtes war ich ab 1970 tätig und habe bis zu meiner Pensionierung 2006 viermal für fünf Jahre in Moskau als Dolmetscher an der Deutschen Botschaft gearbeitet. Ich übersetzte vorrangig vom Deutschen ins Russische.

Kurz nach Gorbatschows Wahl 1985 zum Generalsekretär der KPdSU traf ich ihn in Moskau zum ersten Mal auf einer internationalen Ausstellung. Auf der Messe ging es vorwiegend um Wirtschaft und das Protokoll des sowjetischen Außenministeriums hatte der Deutschen Botschaft mitgeteilt, dass Gorbatschow den deutschen Stand besuchen werde. Daraufhin sind der Botschafter, das war damals Hans Jörg Kastl, und unter anderem auch ich an diesem Tag zu einer bestimmten Zeit auf die Ausstellung gegangen und dort fand das Treffen dann auch statt.

Wir sahen ihn kommen mit einer kleinen Zahl von Begleitern, ohne dass diese Gruppe besonders auffiel. Es gab keine Sicherheitsmaßnahmen oder Absperrung für sie: Sie liefen ganz normal über die Messe. Dann fand ein kurzes Gespräch zwischen Herrn Gorbatschow und Herrn Kastl statt. Als das vorbei war, zeigten sich alle von der deutschen Seite tief beeindruckt von der freundlichen, völlig entspannten Atmosphäre, die wir von sowjetischen Politikern kaum gewohnt waren. Diese Art des Auftretens war für uns völlig neu.

Ich habe damals gedolmetscht. Worum es ging, weiß ich nicht mehr genau, tut mir leid – das ist über 35 Jahre her. Ich war auch erstaunt. Dass er spontan ohne Redemanuskript sprach, war eigentlich das Überraschende an diesem kurzen Gespräch bei diesem Besuch. Später allerdings hat sich mit anderen Gesprächspartnern gezeigt, dass die Äußerungen von Herrn Gorbatschow nicht immer so spontan waren und so aus der „la main" gesprochen wurden, wie es dort bei dem ersten Treffen passiert ist.

Ich weiß nicht mehr genau, mit wem ich das nächste Mal bei ihm war: Es kann anlässlich des Besuches des Ministerpräsidenten eines Bundeslandes gewesen sein und Gorbatschow machte eine längere Ausführung, die der sowjetische Kollege ins Deutsche dolmetschte. Ich hatte nichts zu tun – ich habe ja ins Russische gedolmetscht – und begann, zuzuhören. Der Tisch, an dem wir saßen, war nicht sehr breit und ich konnte plötzlich sehen, wie Gorbatschow einen mit Schreibmaschine geschriebenen Text mit farbigen Anmerkungen am Rand und Unterstreichungen in der Hand hielt. Ich hörte aufmerksam zu und sah: Er las alles ab und setzte die Betonung an den Stellen, die angestrichen waren. Das zeigte wohl auch, dass das, was er dem deutschen Gesprächspartner sagen wollte, ein Text war, den er sagen sollte.

Wenn Gorbatschow sprach, hörte man seinen südrussischen Akzent. Als Ausländer kann ich mir darüber kein Urteil erlauben, dazu habe ich nichts zu sagen. Ich weiß aber, dass sowjetische Diplomaten, Russen, ihn bezüglich seiner Russischkenntnisse lächerlich gemacht und behauptet haben, dass er kein richtiges Russisch spräche. Das kann für einzelne Dinge zutreffen – mir sind die jedoch nie aufgefallen.

Ich erinnere mich jedoch an einen Besuch von Gorbatschow in Bonn, bei dem er in verschiedenen Aufzeichnungen und Reden die Staatsbezeichnung der Bundesrepublik Deutschland in unserem Verständnis richtig gebraucht hat. Die russische Seite hat ja immer – ich übersetze jetzt zurück ins Deutsche – von der „Bundesrepublik Deutschlands" gesprochen. Das Wort Deutschland wurde im Russischen im Genitiv verwendet. Ein Nominativ fand nicht statt und das Wort „Germanii" beziehungsweise „Germanijej" wurde auch nicht dekliniert.

Im Zuge dieses Besuchs gab es einen Sonderbericht, bei uns würde man sagen: ein Bulletin, des sowjetischen Außenministeriums. In diesem Bericht stand plötzlich „Germanija" und uns wurde diesbezüglich mehrfach gesagt: Gorbatschow habe keine Ahnung von Russisch. Das sei falsch. Das haben wir natürlich nicht geglaubt und uns über dieses Bulletin sehr gefreut. Leider hat es uns nicht geholfen: In der Folgezeit wurde wieder „Germanii" gesagt und geschrieben.

Als Helmut Kohl dem US-amerikanischen Magazin „Newsweek" ein Interview gegeben hatte und dort die Reformen von Gorbatschow mit der PR von Goebbels verglich, waren wir Mitarbeiter in der Deutschen Botschaft in Moskau erschrocken. Wir merkten, dass die sowjetische Seite die Beziehungen völlig runterfuhr und es keine Kontakte mehr gab: Auf Einladungen des Botschafters erfolgten nur Absagen beziehungsweise Nicht-Erscheinen.

Ich habe dann einige Zeit später Außenminister Hans-Dietrich Genscher einmal nach Wien begleitet. Dort fand unter anderem ein Treffen mit dem sowjetischen Außenminister Schewardnadse statt, verbunden mit dem erfolgreichen Versuch von Genscher, die Sache in Ordnung zu bringen. Herr Genscher hat damals in Wien der sowjetischen Seite zur Kenntnis gebracht, dass Andreas Meyer-Landrut, der bereits von 1980 bis 1983 Botschafter in Moskau war, ein zweites Mal ab 1987 als Botschafter nach Moskau versetzt werden würde. Das ist, glaube ich, der einzige Fall in der Geschichte der Bundesrepublik Deutschland, dass ein Mensch zweimal als Botschafter in ein Land geschickt wird. Und das wusste die sowjetische Seite auch richtig einzuschätzen.

Gorbatschow habe ich in der Folgezeit immer wieder getroffen, wie zum Beispiel bei Besuchen von Altkanzler Helmut Kohl. Diese Besuche waren von einer großen Offenheit geprägt und fanden deswegen auch immer wieder statt. Auch lange Zeit nach dem Rücktritt von Gorbatschow trafen sich deutsche Politiker mit ihm zum Austausch. Das traf auch auf den Nachfolger von Helmut Kohl, Gerhard Schröder, zu. Da gab es ebenfalls regelmäßige Treffen in Russland.

Zu den Gesprächen muss ich ehrlich sagen, dass ich nicht mehr viel erinnere. Es ist so lange her. Ich habe, wie das bei unseren Dolmetschern üblich ist, die Unterhaltungen aufgezeichnet. Wir haben da eine besondere Art der handschriftlichen Notizaufnahme, wir sind aber verpflichtet, diese Blöcke zu vernichten. Mit einem solchen Block könnte ich Ihnen heute noch vorlesen, wovon da die Rede war.

Nach einigen Begegnungen hat Herr Gorbatschow mich wahrgenommen und erkannt. Er war immer sehr herzlich, immer freundlich. Ich muss wirklich sagen, dass er einer der angenehmsten Kunden, wie wir sagen, gewesen ist. Es hat auch andere Leute gegeben, ich erwähne jetzt keine Namen, die gesagt haben: „Ihr Dolmetscher, ihr stört mich eigentlich nur. Ihr nehmt mir viel Zeit weg." Das fand ich damals nicht sehr nett. Gerade dieser Kunde war immer auf uns angewiesen. Er sprach keine Fremdsprache, egal, ob das Englisch oder Französisch oder Russisch war.

Wie ich schon gesagt habe, hatte ich ein herzliches Verhältnis zu Gorbatschow. Ich habe mit ihm keine negativen Erfahrungen gemacht. Dazu kam, dass er in seiner Regierungszeit eine immense Strahlkraft hatte. Das war so und das hat man auch gespürt. Und so war es eher so, dass man nach dem Dolmetschen nach Hause kam wie von einem positiven Erlebnis. Über Einzelheiten konnte man ja nichts berichten, aber meine Frau weiß bis heute, dass ich nur Gutes von ihm erzählte.

Ich würde jetzt nicht sagen, dass ein gutes Miteinander auf der politischen Ebene ungewöhnlich war. Es gibt eine ganze Reihe von deutschen Politikern oder auch sowjetischen oder später russischen Politikern, zu denen ich ein gutes, über das rein Dienstlich-Protokollarische hinausgehendes Verhältnis hatte.

Dabei hat es bei den Gesprächen auch durchaus Situationen gegeben, wo sich die Politiker so in der Wolle hatten, dass ich mit dem Übersetzen fast nicht hinterherkam. In einer solchen Situation bemüht man sich, den richtigen Ton zu treffen. Das heißt: Wenn der eine etwas Scharfes äußert, dann muss man nicht ständig lächeln und strahlen, man muss sich dann mit einem gewissen Nachdruck auch etwas schärfer äußern.

Auch Raissa Gorbatschowa habe ich gedolmetscht im ganz kleinen, nicht offiziellen Rahmen. Sie war eine sehr attraktive, sehr kluge, sehr offene Frau. Sie und ihr Mann haben sich sehr respektvoll zueinander verhalten und er hat immer sehr hochachtungsvoll von ihr gesprochen.

Nach seinem Rücktritt 1992 habe ich ihn immer noch selbstbewusst erlebt. Vieles von dem, was man ihm nachgesagt hat, also zum Beispiel, dass ihn der Rücktritt getroffen habe, hat er nicht zu erkennen gegeben. Wir wussten aus Gesprächen mit anderen sowjetischen Gesprächspartnern, dass er von den Menschen nicht geliebt wurde. Ganz im Gegenteil: Sie gaben ihm einen großen Teil der Schuld am Zerfall der Sowjetunion. Das ist etwas, was viele Politiker bis zum heutigen Tage so sehen.

Ich habe an ihm seine Offenheit, seine Ehrlichkeit, seine Herzlichkeit vielen Menschen gegenüber und seine Treue zu den politischen Grundsätzen seines Heimatlandes geschätzt, wobei das nicht unbedingt die der Kommunistischen Partei waren. Es war mehr eine Treue zu den Grundsätzen der Politik und es wäre sicher falsch, ihn als den großen Dissidenten zu bezeichnen. Das stimmt mit Sicherheit nicht.

Für ihn war zum Beispiel der Versuch einer demokratischen Staatsordnung sehr wichtig, die es heute ja nicht mehr gibt. Er ist sicher kein ideologischer Abweichler gewesen, aber er war immer in der Lage zu versuchen, die Realitäten der inneren und der internationalen Politik zu verstehen.

Ich glaube, ich wäre nicht zur Beerdigung gefahren, auch wenn es gegangen wäre. So nah war unser Verhältnis dann doch nicht. Wissen Sie, Begräbnisse bekannter Persönlichkeiten in Russland sind anders als bei uns. So etwas geht nach einem strengen Protokoll vor sich. Man hat ja hier auch nicht viel von der Beerdigung Gorbatschows gesehen. Man hat nur kurz gesehen, dass Herr Putin einen Blumenstrauß zu ihm an den offenen Sarg gebracht hat. Das war eine Handlung, die im leeren Raum stattgefunden hat. Ich weiß zum Beispiel nicht, ob er, wie andere Menschen, längere Zeit aufgebahrt gewesen ist.

Gorbatschow war die große Neuigkeit, die große Überraschung, die leider mit seinem Rücktritt wieder verschwunden ist. Ich bin dankbar, ihn getroffen zu haben. Er war sicher ein entscheidender Mensch für mich und für meine Sicht auf das Land.

Horst Teltschik
Freund
Rottach-Egern (Tegernsee)

Außerordentlich warmherzig

Zusammen mit Bundeskanzler Helmut Kohl traf ich Michail Gorbatschow das erste Mal einen Tag nach der offiziellen Trauerfeier anlässlich des Todes seines Vorgängers Konstantin Tschernenko in Moskau. Es gab ja in der Zeit der KPdSU, der Kommunistischen Partei der Sowjetunion, den Brauch, dass einen Tag nach der offiziellen Trauerfeier der Nachfolger bereits gekürt war und für die Gäste die Möglichkeit bestand, den neuen Generalsekretär zu treffen.

Gorbatschow – ja, was war der Eindruck? Er kam ins Amt nach drei todkranken und alten Generalsekretären, die Helmut Kohl und ich erlebt hatten und die wenig beigetragen hatten, die Beziehungen zwischen Deutschland und der Sowjetunion zu entwickeln: Leonid Breschnew, todkrank. Der konnte bei einer Besprechung die Fragen von Helmut Kohl nur beantworten, wenn Gromyko, damals Außenminister, ihm die Antworten auf einem Zettel zuschob. Dann lernten wir Juri Andropow kennen, der ein halbes Jahr später tot war, dann Konstantin Tschernenko, der ein Jahr später tot war. Aber wir sind immer zur Trauerfeier nach Moskau geflogen, um den Nachfolger kennenzulernen.

Wir trafen Gorbatschow, einen relativ jungen Generalsekretär in den 50er Jahren, gesund, der sehr präsent war. Er hat nicht wie seine Vorgänger zuerst eine schriftliche Erklärung des Politbüros vorgelesen, sondern sofort die Diskussion eröffnet.

Aber inhaltlich war das Gespräch enttäuschend, weil Gorbatschow im Prinzip dem Bundeskanzler deutlich gemacht hat, wenn dieser seine Entscheidung über die Stationierung amerikanischer Mittelstreckenraketen in Deutschland und Europa nicht ändere – wenn diese Politik fortgeführt würde, dann würden sich auch die Beziehungen nicht ändern. Von daher war aus dem Gespräch nicht erkennbar, dass Gorbatschow seine Innenpolitik, seine Wirtschaftspolitik wie die Außenpolitik gegenüber seinem Vorgänger neu gestalten würde. Das war im März 1985.

Dennoch – zum ersten Mal erlebten wir einen jüngeren, gesunden sowjetischen Generalsekretär, der bereit war, in der Sache zu diskutieren, keine langweiligen Statements vorlas und mit dem es eine Chance gab, sachliche Gespräche zu führen. Es war zu diesem Zeitpunkt jedoch noch nicht erkennbar, dass er eine Reformpolitik einleiten würde – also Glasnost und Perestroika –, das hat sich damals noch nicht abgezeichnet.

Das Etikett „Der Mann ist vertrauenswürdig" wäre zu diesem Zeitpunkt verfrüht gewesen. Er hat die bekannte Politik des Politbüros bekräftigt. Aber allein die Tatsache, dass man mit ihm ein sachliches Gespräch führen konnte, war schon ein erkennbarer Fortschritt.

In der Folgezeit wurden die beiderseitigen Beziehungen durch ein unglückliches Interview belastet, das Bundeskanzler Helmut Kohl dem US-Magazin „Newsweek" gegeben hatte. Darin hatte er sich sehr missverständlich über die inzwischen von Gorbatschow eingeleitete Reformpolitik geäußert, die er in der Anfangszeit mehr als Propaganda denn als substanziell empfunden und sie mit der Propagandapolitik von Goebbels verglichen hatte. Dieses Interview ist leider im Bundeskanzleramt nicht gegengelesen worden. Diese zwei missverständlichen Sätze vom Bundeskanzler hätten natürlich gestrichen werden müssen. Das ist nicht erfolgt.

Helmut Kohl war, als das Interview veröffentlicht wurde, auf einer Reise in den USA. An jenem Tag waren wir in Chicago Gast beim Chicago Council on Foreign Relations. Dort hielt Bundeskanzler Helmut Kohl eine außenpolitische Grundsatzrede, die sehr wichtig war, weil er das erste Mal die Chance hatte, in den USA die Strategie seiner Außenpolitik zu erläutern. Helmut Kohl erkundigte sich jeden Tag im Ausland: Was ist zu Hause los? So erfuhr er von der Aufregung, die sich aufgrund seines Interviews in der öffentlichen Diskussion in Deutschland ergeben hat.

Ja, und mit dieser Verstimmung war es nicht überraschend, dass die Beziehungen zu Moskau eingefroren wurden, zumal damals in der Bundesrepublik ein Bundestagswahlkampf stattfand und die Opposition, die SPD, dieses Interview zu Debatten im Bundestag nutzte, was für die Beziehungen der Bundesregierung zu Moskau nicht hilfreich war.

Ich habe nach der Rückkehr aus den USA den sowjetischen Botschafter Juli Kwizinski eingeladen und ihm gesagt, wir müssten alles tun, um die entstandene Lage zu bereinigen. Nach acht Tagen kam Botschafter Kwizinski zu mir ins Büro und sagte: „Herr Teltschik, wir haben alles unter Kontrolle." Das war leider ein Irrtum, weil die SPD dieses Interview immer wieder in der öffentlichen Diskussion und im Bundestag genutzt hat und damit das Thema am Leben erhielt. Kwizinski sagte mir daraufhin, wenn der Wahlkampf beendet und wenn Helmut Kohl wieder gewählt sei, werde sich alles bereinigen lassen. Und so war es dann auch.

Helmut Kohl hat sich nicht persönlich entschuldigt, sondern er hat versucht in seinen öffentlichen Erklärungen und im Bundestag dieses Missverständnis zu bereinigen. Aber, wie gesagt, in der aufgeheizten Situation eines Bundestagswahlkampfes war eine Entschuldigung leider nicht möglich.

Nach der Wiederwahl von Helmut Kohl kam es dann zu einer weiteren Begegnung von ihm und Michail Gorbatschow in Moskau. Dieser Besuch führte zu einer gewissen Beruhigung und Normalisierung der Beziehungen, die beide im gegenseitigen Interesse weiterentwickeln wollten. Helmut Kohl hat dann Präsident Gorbatschow zu einem Besuch nach Bonn eingeladen. Er hat diese Einladung angenommen und beide haben vereinbart, eine gemeinsame Erklärung mit dem Ziel vorzubereiten, die gemeinsamen Interessen einer konstruktiven Zusammenarbeit zum Ausdruck zu bringen. Diese gemeinsame Erklärung ist auch zustande gekommen und war im Vergleich zu früheren Erklärungen der Sowjetunion durchaus positiv.

Der Besuch im Juni 1989 wurde ein Riesenerfolg. Gorbatschow war mehrere Tage in Deutschland, er war in Bonn, er war in Düsseldorf, er war in Stuttgart. Mein Eindruck war, dass dieser Besuch für Gorbatschow ein Schlüsselerlebnis war. Es war sein erstes ausführliches Kennenlernen der Bundesrepublik und ich hatte von seinen

Mitarbeitern erfahren, dass er tief beeindruckt war von der Infrastruktur, dem Zustand der Autobahnen, den Werken, die er besichtigt hat, und dass man dort sogar auf dem Boden essen könne, so sauber sei er.

Die Bevölkerung ist außerordentlich positiv auf ihn zugegangen. Auf dem Bonner Marktplatz wurden er und seine Frau gefeiert. Diese warme Aufnahme, die sehr persönlichen und freundschaftlichen Gespräche mit Helmut Kohl und seiner Frau, mehrere Gespräche ausschließlich unter den beiden, bei denen auch kein Mitarbeiter dabei war, haben dazu geführt, dass Gorbatschow den Eindruck hatte: Deutschland sei für ihn der wichtigste Partner, um die Reformen in der Sowjetunion zum Erfolg zu führen. Man hat wechselseitig Vertrauen gewonnen und das war dann ja später entscheidend.

Ich habe ihn durchweg als einen sehr freundlichen bis liebenswürdigen Menschen erlebt, der auch uns Mitarbeiter – ich war ja kein Minister, ich war der außenpolitische Berater des Bundeskanzlers – immer sehr freundlich behandelt hat. Ich habe dann auch eine sehr enge Beziehung zu meinem Counterpart Sergejewitsch Tschernjajew in Moskau entwickeln können. Gorbatschow hat, das war für mich auch spürbar, Vertrauen in mich gehabt. Ich habe ab diesem Zeitpunkt Gespräche im Kreml ausschließlich mit seinen Mitarbeitern geführt.

Ich erlebte zu keinem Zeitpunkt eine frostige Atmosphäre, wie wir sie vorher immer wieder erlebt haben, ob mit Außenminister Gromyko oder mit Breschnew oder Andropow. Gorbatschow war von sich aus ein warmherziger, durchaus auch charmanter Gesprächspartner. Er war keiner, der Floskeln verbreitete, sondern der von Anfang an sehr offen seine Meinung vertrat und eine echte Diskussion führte.

Entscheidend war auch, dass Gorbatschow seine Politik zur Perestroika nicht nur offensiv in der Sowjetunion verfolgt hat, sondern auch auf einem Warschauer-Pakt-Treffen seinen Verbündeten, einschließlich der DDR-Führung, gesagt hat, dass er sich in die inneren Entwicklungen dieser Länder nicht mehr einmischen werde. Dass sie selbst verantwortlich seien und dass er ihnen auch keine wirtschaftliche Hilfe mehr geben könne, weil die Sowjetunion damals selbst erhebliche ökonomische Probleme hatte. Das führte dazu, dass die Entwicklungen in den Warschauer-Pakt-Staaten neu befeuert wurden.

Ich habe Gespräche im Auftrag des Bundeskanzlers fast in allen Warschauer-Pakt-Staaten geführt. Sie waren alle ökonomisch pleite. Sie wollten alle von Deutschland Kredite haben. Von daher hat die Politik Gorbatschows dazu beigetragen, dass diese Staaten wussten, dass sie – wie die Sowjetunion selbst – Reformen einleiten müssen. Von daher hat Präsident Gorbatschow den Prozess der Liberalisierung nicht bewusst, jedoch indirekt erheblich befördert.

Das galt auch für die DDR. Die Bundesrepublik hatte ihr damals einen Zwei-Milliarden-DM-Kredit in Aussicht gestellt, wenn damit menschliche Erleichterungen verknüpft würden.

Dann kam der Prozess der Bürgerbewegungen dazu und die Tatsache, dass die Versorgungskrisen in den Warschauer-Pakt-Staaten zum Teil dramatische Ausmaße annahmen. Helmut Kohl hat vieles getan, um Gorbatschow zu helfen. Im Sommer 1989 hatte er ihm versprochen, wenn wir ihm bei der Reformpolitik helfen könnten, dann würden wir das tun. Im Dezember kam der sowjetische Botschafter Juli Kwizinski zu mir ins Büro und erinnerte mich an das Versprechen von Helmut Kohl. Als ich ihn fragte, um was es denn ginge, antwortete er mit nur einem Wort: „Fleisch."

Die Sowjetunion hatte im Winter 1989/1990 eine riesige Versorgungskrise. Es gab kaum Lebensmittel im ausreichenden Maße, es fehlten auch Güter für den täglichen Bedarf wie Seife, Waschpulver. Alles war Mangelware.

Kohl hat sofort reagiert und den Landwirtschaftsminister und den Finanzminister einbestellt, und wir haben im Frühjahr 1990 Lebensmittel und Gebrauchsgegenstände im Wert von zwei Milliarden DM geliefert. Helmut Kohl hat seine Zusagen eingehalten, was für Gorbatschow wichtig war.

Im Sommer 1990 erwarteten wir mit Sorge den Parteitag der KPdSU in Moskau, kurz vor der Begegnung von Helmut Kohl mit Gorbatschow im Kaukasus. Offen war die Frage, ob und wie Gorbatschow diesen Parteitag überstehen würde. Es gab starke Widersacher im Politbüro – unter anderem der Konservative Jegor Ligatschow. Aber es ist Gorbatschow und Schewardnadse gelungen, ihn damals aus dem Politbüro zu werfen. So kamen sie beide sichtlich erleichtert zu dem Treffen mit Helmut Kohl im Kaukasus.

Ich war ab 1991 nicht mehr im Bundeskanzleramt und bin damals meiner persönlichen Entscheidung folgend ausgeschieden. Nach dem Sturz von Gorbatschow wurde der Kontakt zwischen mir und ihm über seinen langjährigen Mitarbeiter Karen Karagesjan weiter fortgeführt, was mich überraschte. Herr Karagesjan war Gorbatschows Chefdolmetscher. Zum Ende war er viel mehr, man kann sicher sagen, dass er sein persönlicher Freund und Unterstützer war. Über ihn habe ich mit Gorbatschow bis zu seinem Tod Kontakt gehabt.

1991 war ich Chef der Bertelsmann-Stiftung. In dieser Zeit bin ich zweimal tätig geworden für Gorbatschow. Karen rief mich 1991 im Auftrag von Raissa, der Ehefrau von Gorbatschow, an: Boris Jelzin hatte Gorbatschow den gepanzerten Wagen weggenommen. Raissa hatte große Angst, dass ein Attentat gegen Gorbatschow stattfinden könne. Er war ja bei den alten Genossen alles andere als beliebt. Die Anfrage war, ob ich Gorbatschow ein gepanzertes Auto besorgen könne. Und das habe ich getan. Er hat einen gepanzerten Mercedes bekommen.

Einige Zeit später kam wieder eine Anfrage. Gorbatschow wolle seine erste Auslandsreise nach seinem Rücktritt nach Deutschland machen. Und die Frage war, ob ich ihm dabei helfen könne.

Damals habe ich ihm seine ganze Deutschlandreise organisiert unter einer Bedingung, dass er auch nach Gütersloh kommt. Das hat er getan. Und damit war ich für einen Tag der „König in Gütersloh". Ja, ich war glücklich, dass er kam.

Es hat sich eine Freundschaft, auch persönlicher Art, entwickelt. Er hat dann eine Stiftung gegründet und internationale Konferenzen durchgeführt und hat mich dazu eingeladen – auch als Redner. Er sagte einmal zu mir: „Horst, was hätten wir alles zusammen machen können." Er meinte damals die Bundesrepublik Deutschland und die UdSSR. Unsere Freundschaft ging so weit, dass er mit Helmut Kohl und Miklós Németh, dem ungarischen Ministerpräsidenten, an meiner Geburtstagsfeier in Bad Wiessee am Tegernsee, wo ich ja aufgewachsen bin, teilnahm. Ich wurde damals 65.

Als Freund war er – wie ich ihn immer wieder erlebt habe – ein sehr warmherziger Mensch. Was ihn auch ausgezeichnet hat, war sein Umgang mit seiner Frau Raissa. Schon bei der ersten Begegnung war erkennbar, wie tief die Beziehung der beiden zueinander war. Beide haben viel Wärme ausgestrahlt.

Im Juli 1990 landeten wir mit dem Hubschrauber im Kaukasus. Das Treffen fand auf einem Gelände mit blühenden Almwiesen und Ferienbungalows für die sowjetische Führung statt. Nach der Landung ging Raissa in die Wiese, pflückte einen kleinen Strauß Blumen und überreichte ihn Helmut Kohl. Ja, das war eine kleine Geste. Wir hatten Verhandlungen vor uns und wussten nicht, wie erfolgreich wir sein würden. Ich dachte, als ich diese Geste sah: Wenn Gorbatschow Streit haben will, dann wäre so etwas nicht passiert. Das waren ja alles Signale, dass die Gespräche gut verlaufen würden.

Ja, wie war er als Freund? Er hat mir zu meinem 80. Geburtstag einen Brief geschrieben, den ich mir buchstäblich einrahmen kann. Er hat mich und meine Frau auch zu mehreren Geburtstagen eingeladen: Ich war bei seinen Geburtstagsfeiern in London und in Moskau. Für den Bertelsmann-Verlag habe ich alle seine Buchmanuskripte in Moskau abgeholt, und er hat damit viel Geld verdient.

Er war Vorsitzender von Green Cross. Ich sollte sein Nachfolger werden, was ich ablehnen musste, weil ich keine Stiftung habe und damit kein Büro.

Bis zum Schluss habe ich ihn in seiner Stiftung in Moskau besucht und er fragte mich jedes Mal, ob ich meine Frau auch gut behandeln würde. Und wenn meine Frau dabei war, hat er sie gefragt.

Was ich an ihm nicht mochte? Da fällt mir auf Anhieb gar nichts ein. Ich glaube, sein Problem war, dass er im Umgang mit seinen Genossen zu gutmütig war und hier vor allem mit Jelzin. Er hatte ja Jelzin nach Moskau geholt. Jelzin hat dort nur seine eigene Politik betrieben. Er hat zwar die Revolte niedergeschlagen, dann aber Gorbatschow fast schäbig behandelt. Er hat ihm sogar den gepanzerten Wagen weggenommen. Ich glaube, dass Gorbatschow gegenüber seinen Genossen zu vertrauenswürdig war, zu gutmütig, und letztlich hat ihm das geschadet.

Von ihm gelernt habe ich, dass man in der Politik Partner immer erst persönlich erleben muss, um sie zu beurteilen. Es ist immer gut und wichtig, das Gespräch zu suchen. Dass es wichtig ist, Vertrauen zu entwickeln und dafür Vorschläge und Initiativen vorzubereiten und durchzuführen.

Gorbatschow hat mir einmal gesagt, dass wenn er das Vertrauen in Helmut Kohl und George Bush nicht gehabt hätte, vieles anders verlaufen wäre. Und was auch wichtig war und im Umgang miteinander wichtig ist: sich immer auf Augenhöhe zu begegnen. Bush und Kohl haben Gorbatschow immer die Sicherheit gegeben, dass sie ihn voll respektieren. Was ebenfalls wichtig ist: Man soll einen Menschen nicht von vornherein in öffentlichen Erklärungen verurteilen, sondern man soll auf Partner offen zugehen und versuchen, Vertrauen zu schaffen. Mal gelingt es, mal gelingt es nicht.

Gorbatschow war für mich der Politiker, der den Mut hatte, ein Land nach innen wie nach außen fast revolutionär zu verändern und wirklich grundlegende Reformen durchzuführen, wissend, dass er damit auch Risiken eingeht. Er war ja lange Teil dieses Systems und als er die Chance hatte, selbst Entscheidungen zu treffen, hatte er den Mut, sein Land und seine Außenpolitik radikal zu verändern. Solchen Mut finden Sie international selten.

Für mich hat Gorbatschow bedeutet, auf Gesprächspartner offen und ohne Vorurteile zuzugehen, offen zu reden. Dass man sie informiert und damit sicherstellt, dass sie sich nicht hintergangen fühlen. Dass man sie nicht austricksen will, sondern dass man das, was man sagt, auch so meint.

Persönlich vermisse ich Gorbatschow. Er war ein außerordentlich warmherziger Mensch, und wenn ich in Moskau war, was ja leider in den letzten Jahren nicht mehr ging, haben wir uns immer getroffen. Er hat sich immer gefreut, wenn wir uns wiedergesehen haben, und es war immer ein Treffen von alten Freunden.

Vor zwei Jahren habe ich Gorbatschow das letzte Mal getroffen. Da war ich auch mit meiner Frau in Moskau. Wir waren am Grab von Raissa und haben ihn dann besucht. Aber da ging es ihm schon sehr, sehr schlecht. Er war ja am Ende schwer krank.

An seiner Beerdigung habe ich nicht teilgenommen, weil das nicht möglich war. Man bekam weder ein Visum noch ein Flugzeug. Und da es eine offizielle Veranstaltung war, brauchte man eine offizielle Einladung. Ich kenne zwar Präsident Putin, aber es gab in dieser politischen Situation keine Möglichkeit, ein Visum zu bekommen.

Ich wäre gern da gewesen.

Lothar de Maizière
Kollege/späterer Freund
Berlin

Der Mutmacher

Ich weiß noch: Ich hatte einen Kreis von Freunden, mit denen ich regelmäßig Streichquartett gespielt habe. 1984 oder wann das war, saßen wir abends nach dem Musizieren zusammen und der Werner Schulz fragte mich: „Was hält das Leben für uns noch bereit?" Und da habe ich gesagt: „Weißte, eigentlich eher nicht so viel. Wir müssen sehen, dass wir ein bisschen tradieren, und ansonsten wird die große Änderung in unserer Lebenszeit nicht kommen." Dann kam das März-Plenum 1985 in Moskau und Gorbatschow wurde gewählt. Und beim nächsten Mal habe ich gesagt: „Werner, wir haben uns geirrt. Da kommt jetzt einer, bei dem es doch eine Änderung geben wird."

Ende September 1989 hatte ich einen Zivilprozess in Königswusterhausen und danach kam die Frage, ob ich Parteivorsitzender der Ost-CDU werden wolle. Da habe ich gesagt: „Kinder, das könnte ich doch nicht machen. Ich bin ein kleiner Dorfanwalt aus Ostberlin." Ich wurde gewählt und bin angetreten im März 1990 bei den Wahlen mit der Forderung: „Wir sind ein Volk." Im Grunde genommen war ich ein Nichts und sage mir bis heute: Du hast Glück gehabt! Du warst 1990 am 2. März 50 geworden und am 18. März waren die freien Wahlen und du wurdest Ministerpräsident. Damals hatte ich die Kraft, das Amt zu stemmen, und das Glück, dass ich um mich herum in meiner Regierung eine Reihe von Leuten hatte, die mich mit gestützt und getragen haben.

Wir haben dann gesagt: Auslandsreise und Kennenlernen machen wir als Erstes mit dem für Ostdeutschland wichtigsten Menschen, Gorbatschow. Vor dem Besuch hatte mir Wjatscheslaw Kotzschemassow gesagt, das war der russische Botschafter hier in Ostberlin: „Fang nicht an, mit ihm zu schwindeln oder irgendwas. Du musst ihm offen begegnen, dann kommt der dir auch entgegen."

Am 29. April 1990 trafen wir uns das erste Mal in Moskau. Anfänglich hatte ich Angst davor, in den Kreml zu gehen. Er war ja der Mann der großen Sowjetunion. Und dann haben die ja auch so eine Methode drauf, einen das spüren zu lassen. Wenn das hier der Kreml ist und das Arbeitszimmer liegt hier hinten: Man wird vorne hereingelassen und muss dann durch die ganzen Säle durchgehen – immer wieder andere – und Gold und Stuck und dies und jenes, um einem zu zeigen, dass man eigentlich ein Wurm ist.

Als wir uns begrüßten, erlebte ich ihn im Gegensatz zu den politischen Russen, die ich bis dato kannte, als warmherzig. Er war so eine Unterschiedsfigur gegenüber den Sowjets, die wir bis zu ihm erlebt hatten.

Für unser erstes Treffen hatte ich ihm ein Stück Berliner Mauer mitgenommen. Ich legte es ihm hin und sagte, das sei mein Dankeschön als DDR-Bürger für das Wort: „Wer zu spät kommt, den bestraft das Leben." Und dann nahm er das, legte es zur Seite und sagte: „Sind wir nicht alle zu spät gekommen?" Da habe ich einen ganz schönen Schreck bekommen, denn er war noch so in vollem Saft.

Dann sind wir uns ziemlich in die Wolle geraten, denn er dröhnte mich voll. Ich unterbrach ihn und habe gesagt: „Die Zeit, in der Ministerpräsidenten der DDR zum Befehlsempfang kommen, ist vorbei. Wir können uns gerne unterhalten über die Dinge, die Sie und uns alle interessieren. Aber Befehle – nicht." Und dann sah er mich an und sagte: „Sie haben eigentlich recht." Auf jeden Fall war es von da an immer gut zwischen uns.

Die Tatsache, dass ich ihm so hart widersprochen habe – Befehlsempfang ist nicht mehr –, hat ihm wohl imponiert. Vielleicht habe ich aber auch überzogen. Frau Walter, meine Dolmetscherin, hatte damals gesagt, sie habe gedacht, hier kommen wir nicht mehr raus. Sie war mit all meinen Vorgängern als Dolmetscherin dort gewesen und bekam einen wahnsinnigen Schrecken, dass sie auf einmal einen Ministerpräsidenten hatte, der so auf den Putz haute.

In der Zeit war Gorbatschow noch ganz der große Mann, der Bestimmer, und bei den Politikern der westlichen Welt sehr angesehen. Er sah ja alles, kapierte alles. Allerdings schon damals, und später dann noch mal, sagte er zu mir: Die wichtigsten Ideen und Worte, Glasnost und Perestroika und Uskorenije, also Beschleunigung, wären alle von seiner Frau gekommen. Sie wäre die Denkerin gewesen.

Er als Praktiker hat dieses System, das bereits Chruschtschow auf dem 20. Parteitag 1956 versucht hatte, anzulupfen – Gorbatschow hat dieses System wirklich aufgelöst. Auch heute noch sind die Intellektuellen und Künstler in Russland ihm dankbar; nur die breite Masse nicht. Die breite Masse will volle Regale haben und die hat er nicht geschafft.

Das Eigentliche ist ja, dass er für Russland das Faustpfand DDR losgelassen hat, sonst hätten wir die Einigung nicht durchsetzen können oder es wäre ganz knirschend geworden. Er hat es ja gemacht. Und er hat geahnt, dass das schiefgehen kann für ihn. Er war nicht so naiv zu glauben, dass die anderen das schlucken werden.

Wir alle haben damals unsere Sprache und unseren Mut wiedergefunden, als wir wussten: Der setzt dort den Wandel durch. Mit dem können wir reden. Und das war auch so. Wenn er einem etwas sagte, dann meinte er das auch und schummelte nicht, wie die meisten. Ich bin bis zum Schluss immer mit einem guten Gefühl bei den Gesprächen gewesen. Und auch das kann ich ohne Vertun sagen: In der DDR-Zeit hätte man ja manches nicht gesagt, was man später gesagt hat. Und das ist letztlich nur durch Gorbatschow möglich geworden.

Schewardnadse hatte im Sommer 1990 zu mir gesagt: „Mach schnell. Beeil dich. Ich weiß nicht, wie lange es uns gelingt, auf dem Parteitag der KPdSU noch die volle Mehrheit zu kriegen. Wir sind pleite und haben kein Geld mehr." Ich habe mit Kohl telefoniert, der mir damals sagte: Die brauchen fünf Milliarden Deutsche Mark ungebunden und noch zwei Milliarden dazu zum Ausgeben, damit ihm die Menschen einigermaßen vertrauen. Gorbatschow ist dann über den Parteitag im Juli 1990 gekommen.

Als wir 2+4 am 12. September 1990 unterschrieben hatten, stand ich mit dem französischen Außenminister Roland Dumas zusammen und er drückte mich und sagte: „Ich würde dir so gerne helfen, aber ich muss selber weinen."

Wissen Sie: Es war die Zeit der großen alten Männer, die sagten: Wir müssen das jetzt in Ordnung bringen. Es war uns allen klar: Das hier ist jetzt ein Jahrhundertschritt.

Das letzte Mal, dass wir uns vor dem 3. Oktober 1990 trafen, sagte Michail Gorbatschow zu mir: „Für dich und dein kleines Land alles Gute."

Gorbatschow hat meiner Regierung Kraft und Würde verliehen, denn die Vereinigung mit Westdeutschland war schwierig für uns. Ich habe nie erlebt, dass er etwas gemacht hätte und dann völlig zurückfahren musste. Wir konnten immer sagen: Da steht Gorbatschow dahinter und das müssen wir jetzt so und so machen – da war er für uns enorm wichtig, zumal wir weder mit Kohl noch mit Genscher gut auskamen.

Meine Regierung und ich selbst, wir waren ja alles Laien. Ich war vielleicht am besten dran, weil ich schon in der Modrow-Regierung lernen musste, über einiges wegzuhören, wegzusehen. Dennoch: Man muss in der Politik, wenn man etwas erreichen will, einigermaßen ehrlich sein und akzeptieren, was die Leute einem da vortragen. Mitunter hört man von Sachen, von denen man vorher geglaubt hat, das gäbe es gar nicht. Und dann war es eben doch so.

Ein Beispiel: Im Januar 1991 gab es den Aufstand in Vilnius mit militärischer Intervention der sowjetischen Armee. Meine Mitarbeiter sagten: Das habe er nicht gewusst. Ich sagte: „Kinder, das ist dummes Zeug. Es gibt nur zwei Möglichkeiten: Wenn er es wirklich nicht gewusst hat, dann hat er keine Macht mehr. Oder er hat es gewusst und so gehandelt, wie ein Sowjet handelt." Bis heute weiß ich nicht: War er es eher nicht? Oder war es der Apparat? Ich weiß nur, dass es bei mir das erste Mal klick machte und ich mir sagte:

Hier musst du aufpassen. Zwischen dem, was er angeordnet hat, und dem, was er sagte, das war doch sehr unterschiedlich.

Über die baltische Sache habe ich mit ihm nicht gesprochen, weil ich zu feige war. Ich dachte: Wenn ich das jetzt anspreche, steht er auf und geht oder schmeißt mich raus oder sonst irgend so was.

1991 begann sein Stern zu sinken: Das „Zuwarten", wie ich es nenne, ist Michail Gorbatschow ja nicht gut bekommen. Erst hatte Schewardnadse gekündigt und war weg. Dass der Jelzin ihn stürzen will, hätte er ahnen und ihn kaltstellen müssen. Aber er war zu gutgläubig. Auch allen anderen möglichen Leuten gegenüber: Er war zu gutgläubig. Sein Dolmetscher Karen Karagesjan hat es mir auch gesagt, dass er zunächst ja immer alles glaube, was ihm die Leute so erzählen. Und dann sei er furchtbar enttäuscht, wenn sie nicht so sind, wie er es von ihnen erwartet hat. Für den Posten des Generalsekretärs war er als Landwirtschaftsbursche vielleicht doch nicht die richtige Besetzung gewesen. Dennoch: Ohne ihn hätte es das alles nicht gegeben.

Sein Sturz war nicht so schlimm. Das Schlimmste war, wie Jelzin ihn gezwungen hat, in der Duma die Erklärung vorzulesen. Das war so was von widerwärtig! Gorbatschow so zu sehen, tat mir in der Seele weh. Dazu muss man wissen, dass Gorbatschow Jelzin, als der Moskauer Bürgermeister war, auch sehr geärgert hat. Sie waren sich einander wert, um es mal so zu sagen. Aber so zu rüffeln?

Dann dachte ich, vielleicht erholt er sich noch, denn den Janajew, den hatte er ja in die Position gebracht. Als ich dann im Fernsehen sah, wie dem Janajew die Hände zitterten, dachte ich: Na, der bleibt nicht lange allein. Ein Putschist, dem die Hände zittern, der ist keiner. Das hat dann ja auch Jelzin für sich entschieden, wobei der politische Apparat der gleiche blieb. Jelzin ließ den so, wie er war.

Später haben Gorbatschow und ich viele Jahre lang zusammen

den Petersburger Dialog geleitet. Er hat das ja auch zunächst gerne gemacht, weil er anfänglich darunter gelitten hatte, nicht mehr in der Öffentlichkeit zu stehen. Ihm war der „Dialog" wichtig, weil er dort Anerkennung fand und die Leute ihm achtungsvoll begegneten. Er hat es genossen, dass die Deutschen ihn gefeiert haben.

Die Deutschen waren ihm auch sympathisch. Er mochte sie und war reizend, sehr zugewandt und wunderte sich: In Moskau wurde er angegiftet – während er hier von allen Leuten hofiert und geehrt wurde. Und er gab sich Mühe, dass ein bisschen Glanz auch auf mich abfiel, nicht so doll, aber ein bisschen schon.

Er war gerne Vorsitzender des Petersburger Dialogs, und er war auch gerne dafür, dass ich die Arbeit machte. Ich war dann auch gerne Vorsitzender – nein, wirklich: Das war sehr schön. Bei der Verteilung der Arbeitskreise sagte er: Politik, das ginge mit uns beiden nicht: „Du gehst zu Kunst und Kultur und ich gehe zu den Medien", und so haben wir das auch gemacht. Anfänglich war es politische Partnerschaft und wurde nachher Freundschaft. Wenn er im Vorwort für mein Buch schrieb: „mein Freund Lothar", dann meinte er das auch so.

Geärgert hatte er sich, als die russische Seite zweimal Wladimir Putin zum Petersburger Dialog eingeladen hatte. Er konnte Putin nicht verknusen, aber wer konnte das schon. Was auch zur Wahrheit dazugehört: Er hat mir auch gesagt: „Er ist ein guter Zar." Und ich sagte: „Ja, Michail, aber er ist wie ein Zar." Und Gorbatschow sagte: „Ohne Zar geht es in Russland nicht." Das war vermutlich seine Erinnerung an die Zeit, als er tätig war und dass er hätte zaristischer sein müssen.

Gelitten habe ich unter seiner Geschwätzigkeit. Wir bekamen zum Beispiel als Petersburger Dialog 2006 den Europäischen Kulturpreis in der Dresdner Frauenkirche verliehen. Ich habe zwei

Sätze als „Dankeschön" gesagt und dann fing er an und fand kein Ende: Der ganze Saal rutschte auf den Stühlen herum und er hörte nicht auf und sprach vom Krieg und vom Großvater, mit dem er im Nachbardorf deutsche Kekse essen war.

Und auch, wenn ich jetzt das Buch mit seinen Erinnerungen vor mir liegen sehe: In einer gleichen Stärke hatte er vorher schon eines geschrieben und noch eins. Daher kommt auch meine Meinung, dass er kein Intellektueller war.

Ich habe ihn gemocht. Für mich war er der Antityp des Intellektuellen und, was mir sehr gefallen hat, tief in seiner Familie verankert. Er war wie einer, der in der Partei groß geworden ist. Die kannten wir von uns aus der ehemaligen DDR und wussten, welcher Typ Mensch das war. Das war ja das Merkwürdige: dass es fast die gleichen Typen Mensch waren, die in der KPdSU oder in der SED etwas wurden. Obwohl: Er war auch anders.

Ein bisschen Schwierigkeiten hatte ich damit, dass er die sowjetische Vergangenheit verklärte. Ich glaube, dass sein Ziehvater Andropow viel wichtiger für ihn war als alle anderen. Aber der hatte nicht mal ein Jahr durchgehalten, dann war er tot. Mit Tschernjenko konnte er gar nicht.

Nein, es war sehr angenehm zwischen uns. Ich erinnere mich: Einmal waren wir 2007 in Wiesbaden, wo ein ökumenischer Gottesdienst angesetzt war, und der Predigttext sollte sein über: „Es wird jetzt kommen die Zeit, in der Schwerter zu Pflugscharen werden." Das steht bei Jesaja und bei Micha, und da sagte er zu mir: „Ich gehe da nur hin deinetwegen und weil es dir wichtig ist. Ich ertrag das nicht, wie viele Leute sich bei uns im Land plötzlich erinnern, dass sie von der Großmutter in die Taufe gehalten worden sind."

Warum er dann 2009 beim Petersburger Dialog aufgehört hat, weiß ich nicht genau. Er sagte, es wäre zu viel Arbeit, was nicht stimmte. Ich nehme an, es gab gesundheitliche Schwierigkeiten. Das war schon 2008 in Passau, dass man merkte, dass es ihm nicht gut ging.

Als die Nachricht von seinem Tod in den Nachrichten kam, hatte ich das anfangs gar nicht mitbekommen. Meine Frau sagte mir damals: „Du, ich muss dir noch etwas Schlimmes sagen. Der Gorbatschow ist gestorben." Das war schwierig. Es ging mir richtig schlecht. Es gibt Menschen, von denen man glaubt, dass sie gar nicht sterben können. Und er war so einer.

Zur Beerdigung zu fahren, hatte ich überlegt. Meine Frau hat es jedoch nicht gestattet. Meine Gesundheit ist nicht mehr die allerbeste. Es wäre zu anstrengend gewesen, auch emotional. Ich habe ja an ihm auch als Freund gehangen.

Ja, ich habe ihn gemocht, zum Liebhaben gern. Er konnte über sich selber lachen. Leute, die Ironie können, sind meistens schon besser zu leiden. Kohl hatte zum Beispiel überhaupt keinen Sinn für Ironie. Ne, ich habe ihn wirklich gemocht.

Alexander Likhotal
Kollege/Freund
Genf

Steh auf und mache weiter wie geplant

Ich erinnere mich, es ereignete sich kurz nach dem Fall der Berliner Mauer 1989. Ich dachte kurz: Was passiert als Nächstes?, und verfasste ein Schriftstück zur Auflösung des Warschauer Paktes. Diese war absehbar, und es war besser, das aktiv von Seiten der Sowjetunion zu betreiben, als mit allen Konsequenzen eines explosiven Umbruchs konfrontiert zu werden.

Ich sandte dieses Paper an das Zentralkomitee, ich meine, das Politbüro. Nach ein paar Tagen rief mich Anatoli Tschernjajew an, Gorbatschows sicherheitspolitischer Berater, der mir sagte: „Der Generalsekretär möchte dich sprechen."

Okay, wir machten den Termin fest und wo wir uns treffen wollten. Es war Mittagszeit und ich wartete kurz auf ihn. Gorbatschow erschien, sah mich an und sagte: „Bist du der Autor dieses Schriftstücks?", und ich erwiderte: „Ja, bin ich." Darauf sagte er: „Du weißt, ich habe jetzt Mittagspause, die dauert etwa 15 Minuten, nicht mehr. Bist du in der Lage, mir mehr Informationen zu dem zu geben, was du geschrieben hast, und was der Hintergrund ist?" Und ich antwortete: „Michail Sergejewitsch, ich will das versuchen."

Wir gingen also in die Kantine. Dort war für uns beide ein Mittagessen vorbereitet. Und ich begann zu sprechen und zu essen. Innerhalb der gegebenen 15 Minuten gelang es mir, ihn über alle Details zu informieren und über die Situation rund um den Sachverhalt. Und – ich beendete mein Essen.

Er sah mich an und sagte: „Ich dachte immer, ich esse schnell." Ich aß schneller als er und nebenbei sprach ich noch die ganze Zeit. Ich glaube, sag ich mal, das war der Grund, dass ich später eingeladen wurde, seinem Stab beizutreten, als er Präsident wurde. Das war der Anfang.

Weißt du: Es ist schwer, rückblickend noch zu sagen, was mein erster Eindruck von ihm war. Ich traf auf das Oberhaupt des Landes. Ich war ein wenig schüchtern, aber ich erlebte, dass er sehr menschlich war. Er war nicht „bossig" in diesem Gespräch. Er war zugänglich, aufgeschlossen, stellte Fragen, wenn er etwas nicht verstand, etwas den Kern nicht traf oder nicht befriedigend erklärt war. Es war eine normale Diskussion, und ich sah, dass er ein ganz normaler Mensch war. Ja, das war mein erster Eindruck, mein vorherrschender Eindruck zu jener Zeit.

Ich kann sein Verhalten nicht mit jemand anderem vergleichen, denn bis dahin war ich ein Akademiker gewesen und nun, 1989, erstmalig zu dieser, ich sag mal, Art von Arbeit eingeladen worden.

So hatte ich keine Vergleichsmöglichkeiten. Meine Beurteilungskriterien stammten aus dem Verhältnis zu anderen Menschen, mit denen ich zusammenarbeitete. Etwa mit Valentin Falin, zu der Zeit der Leiter des internationalen Departments, und meinem regulären Chef Andrej Gratschow.

Also, als Akademiker im Alter von 39 Jahren arbeitete ich für die internationale Abteilung des Zentralkomitees der Kommunistischen Partei. Ich trat diesem Team bei als Leiter des politischen Dienstes. In dieser Funktion stellten wir Informationen und Vorschläge für die oberste Leitung der Sowjetunion bereit. Das veränderte die Basis meiner Sichtweise vollkommen, denn alles musste den Zusammenhang mit der internationalen Sicherheit berücksichtigen. Für mich war sehr interessant zu sehen, wie das funktionierte und wie Entscheidungen in Fragen der internationalen Sicherheit in der Sowjetunion getroffen wurden. Wirklich, ich lernte dazu sehr viel. Nebenbei: Wenn man für die oberste Leitung arbeitet, dann befindet man sich in einer Atmosphäre voller Hochspannung. Ich erinnere mich, dass ich morgens um sieben Uhr das Haus verließ und um zehn Uhr abends zurückkam. Und der Tag war voll gewesen.

Anfang 1990 traf ich Gorbatschow regelmäßig. Zusammen mit Gratschow besuchten wir ihn und seine Mitarbeiter zu etlichen Brainstorming-Sitzungen zu politischen Themen. 1990 zerfiel die Sowjetunion. Dafür versuchte ich, einen akademischen Ansatz und einen überzeugenden Weg zu finden. Für mich war klar, dass sich das Regime seinem Wesen nach auflösen würde, weil Gorbatschow einer so großen Zahl an Menschen die Freiheit gegeben hatte – nicht nur in der Sowjetunion, sondern auch in anderen Ländern.

Allein deshalb wird er einmal der größte Befreier aller Zeiten genannt werden!

Er diktierte nicht nur den Weg in die Freiheit und die Befreiung der Sowjetunion und Osteuropas. Er riss auch den Eisernen Vorhang nieder und beendete den Kalten Krieg. Und er, zumindest hat er das immer wieder betont, beseitigte die Bedrohung eines nuklearen Krieges – was kürzlich wieder zurückgedreht wurde.

Das heißt, die Revolution, die Gorbatschow initiierte, war grundlegend und beinhaltete die bereitwillige Annahme demokratischer Werte. Im Ergebnis wurde er DER Staatschef, der die Welt noch während seiner Lebenszeit verändert hat.

In meiner Bewertung ist Gorbatschow der einzige Politiker, zumindest in der russischen Geschichte, möglicherweise weltweit, der, obwohl er alle Macht in seinen Händen hielt, zum Wohl seiner Ideen auch deren Grenzen akzeptierte. Und mehr noch: Damit lief er Gefahr, seine Macht und alles zu verlieren.

Ich denke, du weißt, dass er kein Akademiker war. Er war nicht gelehrt im engeren Sinn. Freiheit war für ihn etwas sehr Praktisches, kein theoretisches Konstrukt. Das Gefühl von Freiheit war für ihn grundlegend. Und danach handelte er, zusammen mit seinen Weggefährten. Ich will nicht sagen, dass sie seine Freunde waren, das geht zu weit. Sie waren seine Mitarbeiter. Er agierte niemals impulsiv; niemals gab er strikte Befehle. Er versuchte zu überzeugen, die Argumente der anderen Seite zu hören, die verschiedenen Seiten aller Probleme zu sehen. Für mich war das seine größte Stärke. Er war als Mensch einzigartig.

Weißt du, was ich manchmal weniger mochte, war ebenso menschlich: Manchmal änderte er seine Meinung aufgrund dessen, was er zuletzt gehört hatte. Du dachtest, du hättest Einvernehmen erreicht in Bezug auf einen Aspekt eines bestimmten Problems – und dann hatte er plötzlich seine Meinung geändert. Möglicherweise, weil ihn jemand mehr überzeugt hatte. Vielleicht hatte er auch weiter über das Problem nachgedacht. Sicher, er war jederzeit fokussiert auf das jeweilige Problem und fällte niemals Urteile allein aufgrund seiner eigenen Sichtweise oder seiner Einstellung gegenüber irgendjemandem.

Ich musste also lernen zu verstehen, dass ich lediglich sein Berater war, dass aber die Verantwortung für alle Entscheidungen bei ihm lag. Deshalb, auch wenn ich manchmal ein wenig verschnupft war, allein als menschliches Wesen – ich verstand die Gründe. Er wog höchstwahrscheinlich die Diskussionen mit mir, wie mit allen anderen Menschen, die ihm ihre Ratschläge gaben, ab.

Was auch immer seine Mitarbeiter später sagten oder in Büchern geschrieben haben – dass, wenn er auf mich gehört hätte, dass er dann dies oder jenes, Wichtiges oder weniger Wichtiges nicht getan hätte –, das ist albern, denn wir alle waren nur beratend tätig. Wir trugen keine Verantwortung. Die blieb bei ihm und damit auch die Last. Und das für alle Zeit.

Nachdem ich diesen Job aufgab, erfasste mich eine Art mentaler Entzug. Ich brauchte etwas, was mir stufenweise Erholung ermöglichte. Glücklicherweise lud mich Gorbatschow 1992 ein, mit ihm in seiner Stiftung zu arbeiten. So wurde ich dort erster Direktor für internationale Kontakte und ausländische Medien.

An seinem 85. Geburtstag saßen wir nach den Feierlichkeiten in einem kleinen Kreis von Freunden zusammen und ich erinnerte ihn an ein Ereignis aus 1992 oder 1993. Er war nicht mehr im Amt. Damals besuchten wir Colorado Springs in den Vereinigten Staaten. Dort fand eine große Konferenz statt, mit Margaret Thatcher und François Mitterrand und anderen. Sie nahmen an einem Round-Table-Gespräch teil, um über die aktuelle Weltlage zu diskutieren.

Und als sie noch zusammensaßen und darauf warteten, auf die Bühne gelassen zu werden, fragte Margaret Thatcher Gorbatschow: „Möchten Sie noch einmal auf den Fahrersitz?" Gorbatschow sah sie an und antwortete: „Nein, warum sollte ich?" Jetzt, 15 Jahre später, erinnerte ich ihn an diese Episode und fragte ihn: „Fühlen Sie sich erleichtert darüber? Mögen Sie es, jetzt frei zu sein?" Seine Antwort: „Ha, zweifelst du daran?"

Weißt du, ich fühlte, dass Gorbatschow sich nach seinem Abschied von der Macht in einem gewissen Maß selbst erneuert hat. Und das erinnert mich daran, und ich weiß nicht, ob man das versteht, dass eine andere historische Person einst gesagt hat: „Obwohl besiegt, wusste er, dass er gewonnen hat." Das war mein Gefühl damals. Aber es mag noch zu früh dafür sein wegen der aktuellen Geschehnisse. Ich bin mir da nicht sicher.

Ob ich ihn mochte? Das ist die falsche Frage, denn wir wurden Freunde und diese Freundschaft hielt praktisch bis ins letzte Jahr, also 2022. Er besuchte uns in Genf und war bei uns zu Hause. Und ich besuchte ihn mit meiner Frau mehrfach in Moskau, und wir waren bei ihm in seinem Haus am Tegernsee. Er kam zu meinen Geburtstagen und ich zu seinen. Ich besitze einige schöne Fotos von meinem 60sten in Moskau.

Als ein Freund war er absolut aufgeschlossen und sehr verlässlich und, ich würde sagen, auch durchaus fordernd. Er sprach fortwährend. Er wollte allein aufgrund seiner menschlichen Präsenz wahrgenommen werden und, natürlich, er hatte auch Abfälliges über sich vernommen.

Und es war ein Albtraum, ihm beibringen zu wollen, wie er das Internet nutzen könne, um an Informationen zu kommen. Da war er ein wenig altmodisch, denn er bevorzugte menschliche Beziehungen und persönliche Gespräche: Das erzeugte Kontakt, öffnete den Raum für Diskussionen und die Möglichkeit, direkt etwas zu hinterfragen, über verschiedene Probleme zu streiten. Er war ein sehr aufgeschlossener Mensch.

Gut, er war ebenso ein Traditionalist. Zunächst mal: Er verreiste immer zusammen mit Raissa und sie verbrachten meist ein paar Wochen an einem festen Ort, auf Mallorca oder sonst wo. Nachdem er Raissa 1999 verloren hatte, fuhr er nirgendwo mehr hin und blieb zumeist in seinem Sommerhaus in der Nähe Moskaus. Und nachdem er das Haus in Bayern gekauft hatte, verbrachte er seine Ferien mit Irina und den Enkeln dort. Nicht nur in den Ferien, er war auch über Silvester dort und lud uns dazu ein.

Weißt du, er arbeitete immerzu, selbst in den Ferien. Er hatte die Entwürfe zu seinen Büchern dabei, die er vorher diktiert hatte. Er schrieb diese Entwürfe nicht selbst, er arbeitete an den getippten Manuskripten. Ich sah ihn niemals herumbummeln, niemals.

Ich lernte von ihm dasselbe, was du vermutlich in seinen Erinnerungen nachlesen kannst, was ich aber aus der Praxis kannte: In seinem Buch beschreibt er die Situation vor der Wahl zum Leiter des Komsomol – der kommunistischen Jugendorganisation seiner Schule. Im Zuge der Kampagne wurde er aufgefordert, ein paar Worte zu seiner Biografie zu sagen; stell dir vor, ein 15-jähriger Junge und seine Biografie?! Er stand auf und ein anderer – weißt du, das waren noch Kinder – zog den Stuhl unter ihm weg. Und als er sich wieder setzen wollte, landete er auf dem Fußboden. Alle lachten. Das waren junge Kerle, 15, 16 Jahre alt. Was am Ende zählte, war: Die Mehrheit hatte ihn gewählt.

Im Rückblick auf diese Situation schrieb er: „Was ich daraus lernte, und das gilt in der Politik und für die Zukunft: Auch wenn du einmal hinfällst, musst du dich einfach sammeln, aufstehen und weitermachen, wie geplant." Was für ihn wichtig war, war, das Problem zu lösen und voranzuschreiten. Und diese Einstellung wurde auch sehr wichtig für mich.

Und dann noch seine Bemühungen um den Umweltschutz.

Man muss wissen: Gorbatschow sprach und schrieb bereits über die ökologische Herausforderung als die nächstgroße nach dem Ende des Kalten Krieges, als er noch Präsident der Sowjetunion war. Die Gefahr eines Nuklearkrieges war reduziert worden und nun, so erwartete er, würde die größte Bedrohung vom Klimawandel, von den Umweltproblemen verursacht werden. Beim Gipfel in Rio de Janeiro wurde zitiert, was Gorbatschow, mittlerweile Pensionär, gesagt hatte. Und sie luden ihn ein, die Organisation, die er vorgeschlagen hatte, aufzubauen und zu leiten. Mehrere Delegationen flogen von Rio nach Moskau, um sich in der Gorbatschow-Stiftung zu treffen, und Gorbatschow stimmte zu: Das Green Cross International war geboren.

Zur selben Zeit realisierte ich, dass ich eigentlich nur auf der Agenda eines anderen mitgelaufen war. Und ich entschied, so positiv und freundschaftlich ich mit Gorbatschow verbunden war, dass ich etwas benötige, um meine eigenen Vorstellungen zu verwirklichen. Mit dieser Entscheidung ging ich zu ihm und er sagte: „Gut. Weißt du, früher oder später kommen alle meine Berater oder Mitarbeiter mit derselben Frage zu mir. Ich verstehe dich, und trotzdem möchte ich etwas finden, was dich auf absehbare Zeit in meinem Dunstkreis hält. Eine große Zahl angesammelter Kontakte läuft über dich, und deshalb benötige ich dich weiterhin." Und so stimmte ich ein: „Kein Problem, lass es uns versuchen."

Das heißt, statt einer Einladung an eine Universität in den USA zu folgen, entschied ich, ihm beim Aufbau von Green Cross International zu helfen. Ich wurde nach und nach zum Präsidenten der Organisation und Gorbatschow der Vorsitzende des Aufsichtsrats. Das gab uns eine Plattform für die weitere Zusammenarbeit und beeinflusste mein weiteres Leben. Ich erwähnte es vorhin schon mal.

Anfangs war ich noch etwas skeptisch mit Green Cross International. Aber wie dem auch sei: Er hatte recht und ich lag falsch. Ich half ihm, die Organisation von Grund auf aufzubauen. Die Idee war, auf die Nachlässigkeit in Umweltfragen zu reagieren, die die Natur gewaltig verseucht hatte und dann den Klimawandel hervorrief.

Die erste Außenstelle, die wir gründeten, war die russische. Dann kam die amerikanische, geleitet von Diane Meyer Simon, gefolgt von Japan und dann natürlich auch die Schweizer Institution. Der Name „Gorbatschow" zog viele an und kurz darauf umfasste Green Cross International gut 30 nationale Glieder.

Das letzte Mal sprach ich mit Gorbatschow am Telefon, das war im März oder April 2022. Er lag schon im Krankenhaus und wir sprachen circa 40 Minuten miteinander. Er wusste, dass alles abgehört wurde, sodass wir nicht frei sprechen konnten. Als wir uns über die aktuelle Situation austauschten, sagte er, dass alles, was „wir erreicht" hätten, „im Abort versenkt" würde.

Weißt du, woher diese Worte kommen? Als Herr Putin an die Macht kam und es da diese terroristischen Anschläge gab, sagte er etwas, was sehr gut in der russischen Öffentlichkeit ankam: „Wann immer wir diese Terroristen aufspüren, wir werden sie töten, überall. Wir werden sie im Abort versenken." Und Gorbatschow deutete auf dieses Statement, vermied jedoch die Nennung von Namen.

Als er starb, war es ein großer Verlust auch für unsere Familie.

Ich war nicht auf seiner Beerdigung und das war jammerschade. Ich flog gerade von den USA nach Genf, als er starb. Ich hatte meinen russischen Pass nicht dabei, ich reiste mit dem schweizerischen. Direktflüge nach Russland waren zu dieser Zeit schon auf ein Minimum reduziert worden; Anschlussflüge hätten mich frühestens einen Tag nach der Beisetzung nach Moskau gebracht. Ich konnte schlicht nicht rechtzeitig da sein. Ich hoffe, wenn ich ihn in einer anderen Zeit und unter anderen Umständen wiedersehe, dass er mir verzeiht.

Bis dahin werde ich ihn vermissen. Allerdings! Denn zunächst mal ist er ein Freund – und wenn Freunde gehen, werden sie schmerzlich vermisst. Er hatte einen tiefen Einfluss auf mich, bestimmte zu einem großen Teil mein Leben. Er war der Ältere, zu dem ich immer gehen konnte, um mir Rat zu holen oder Empfehlungen.

Er war eine moralische Instanz für mich und ich konnte immer diese oder jene meiner Entscheidungen abgleichen und dabei auf seine Hinweise vertrauen. Denn er war ein Mensch mit so viel mehr Lebenserfahrung als ich.

Ich begegnete ihm und respektierte ihn wie einen Vater.

Gabrielle Krone-Schmalz
ARD-Korrespondentin/Moskau
Autorin
Freundin
Köln

Dieser Mann hatte Kampfgeist

Zum ersten Mal persönlich gesehen habe ich Michail Gorbatschow, nachdem ich 1987 ARD-Korrespondentin in Moskau geworden war. Bei offiziellen Besuchen westlicher Politiker im Kreml durften die Journalisten des jeweiligen Landes die üblichen Bilder machen, Händeschütteln und so, aber es war nicht erlaubt, Fragen zu stellen. Man stand da einfach mit dem Kamerateam rum und fertig.

Weil Sie nach meinem Eindruck fragen: Mein Mann hat das mal gut auf den Punkt gebracht. Er hat gesagt: „Wenn Gorbatschow den Raum betritt, dann ist der Raum voll." Gorbatschow hatte eine natürliche Autorität und eine faszinierende, überzeugende Ausstrahlung. Dazu möchte ich Ihnen gerne ein Beispiel geben: Der damalige bayerische Ministerpräsident Franz-Josef Strauß hat 1987 um Weihnachten herum Gorbatschow zum ersten Mal besucht und ich habe Strauß während seines Besuchs dreimal interviewt. Gleich zu Beginn habe ich ihn nach seiner Erwartungshaltung gefragt. Er war sehr zurückhaltend in seiner Einschätzung Gorbatschows, eigentlich fast ein bisschen beleidigend, muss man sagen. Dann habe ich Strauß zur Halbzeit seines Besuchs befragt, da war er schon wesentlich zugänglicher. Und nach dem Abschlussinterview würde ich Herrn Strauß als Gorbatschow-Fan bezeichnen. Das war eine Wandlung um 180 Grad. Bei seiner Rückkehr nach München brachte ihm das zunächst mal eine Menge Probleme mit seiner CSU, wo man das natürlich nicht so ohne Weiteres nachvollziehen konnte. Gorbatschow und vernünftige Politik? Wie sollte das denn gehen?

Es ist der persönliche Kontakt, der eine wichtige Rolle spielt: Wenn sich Hans-Dietrich Genscher und Eduard Schewardnadse nicht gegenseitig was geglaubt hätten, dann wäre das mit der deutschen Vereinigung nicht so gut gelaufen. Das ist einfach so und das ist etwas, was mich bis heute einerseits fasziniert und andererseits auch irgendwie erschreckt: So gut Strukturen auch sein mögen und Demokratie und Rechtsstaatlichkeit und alles, was dazugehört, aber wenn die handelnden Personen nicht miteinander können, dann funktioniert das nicht, und umgekehrt: Wenn Sie so ein System haben wie damals die Sowjetunion und die Personen funktionieren, dann kommt es weniger auf die Struktur an. Verstehen Sie? Das ist, ja, irgendwie erschütternd. Aber man sollte das nicht ganz aus den Augen verlieren.

Es gab im Zuge der deutschen Vereinigung verstärkt deutsch-sowjetische Termine, die der Vorbereitung der 2 + 4 Verhandlungen dienten. Da ergab es sich immer wieder, ihn zu sehen. Das erste wirklich persönliche Treffen – und auf das bin ich heute noch stolz – war ein Interview mit ihm, das ich zusammen mit dem DDR-Kollegen Stephan Kühnrich gemacht habe, mit dem ich ein sehr gutes kollegiales Verhältnis hatte. Wir haben uns immer gegenseitig mit Videomaterial ausgeholfen, denn damals war es so, dass bei offiziellen Terminen mit ausländischen Staatsgästen immer nur diejenigen Journalisten zugelassen waren, die aus demselben Land stammten. Diese Zusammenarbeit war gerade zwischen den Deutschen – Bundesrepublik und DDR – sehr kompliziert und zeitaufwendig, aber wir beide haben uns über vorgeschriebene Formalitäten hinweggesetzt und den direkten Draht genutzt, ohne irgendwelche Zentralen einzubeziehen. Aber das nur am Rande.

In dieser Zeit war in der Bundesrepublik Wahlkampf. Alle spielten sich auf und taten so, als wüssten sie genau, wie es mit dem vereinten Deutschland mit Blick auf eine NATO-Zugehörigkeit weitergeht. Diverse sogenannte Berater betrieben mit dem Brustton der Überzeugung nichts weiter als Kaffeesatzleserei. Das ging mir auf die Nerven oder, höflicher formuliert, ich fand das nicht angemessen, und ich habe mir gedacht, es ist doch am besten, den Chef mal direkt zu fragen, wie er denn dazu steht.

Also habe ich zusammen mit Stephan Kühnrich einen entsprechenden Antrag gestellt: Wir würden gerne ein Interview mit Michail Gorbatschow zum Thema NATO-Zugehörigkeit des vereinten Deutschland machen. Alle in meinem Umfeld haben gesagt: „Die spinnt, die Alte, das kriegt die nie." Gorbatschow hatte ja tatsächlich noch nie vorher einem in Moskau akkreditierten westlichen Korrespondenten ein Interview gegeben. Und ehrlich gesagt, wir haben auch nicht wirklich damit gerechnet, dass es klappt.

Aber nach ein paar Tagen bekamen wir tatsächlich die Nachricht: „Ja, Michail Sergejewitsch ist einverstanden." Das war im März 1990.

An diese Begegnung erinnere ich mich immer noch sehr, sehr gut. Der Kreml ist ja schon ein sehr eindrucksvolles Gebäude mit ausgesprochen pompösen Räumlichkeiten. Wir sollten uns um 20 nach 10 vor einem bestimmten Eingang einfinden. Und dann kam alles Mögliche dazwischen. DDR-Ministerpräsident Hans Modrow war mit einer großen Delegation da und keiner wusste so genau, wie lange deren Gespräche dauern würden. Wir saßen dann die ganze Zeit herum und warteten. Diese Stunden bis zum Interview waren nervenzerfetzend, weil es immer wieder hieß: „Ja, jetzt", und dann doch nicht und dann doch wieder. Es war wirklich grauenvoll.

Als sich irgendwann dann plötzlich die hohen Flügeltüren öffneten, nicht für einen Staatsgast von wer weiß woher, sondern für Stephan Kühnrich und mich – das war schon sehr besonders. Gorbatschow stand da, zehn, zwölf Leute um ihn herum – mit diesem Auflauf hatte ich offen gestanden nicht gerechnet –, und sagte als Erstes: „Na, ihr beide habt euch ja schon vereinigt." Dann hat er gefragt, ob wir das Interview im Stehen oder im Sitzen machen wollen. Ich hab sofort an den technischen Aufwand und den Zeitdruck gedacht und mich für die Stehvariante entschieden.

Was das Interview selbst betrifft – man kennt als Journalist ja die Reaktion von viel gefragten Interviewpartnern, die einem das Gefühl geben, ihnen die Zeit zu stehlen. Nach dem Motto: Hoffentlich sind wir bald fertig. Das war hier ganz und gar nicht so. Der sowjetische Staatschef war zugänglich. Er hat uns überhaupt nicht den Eindruck vermittelt, dass er keine Zeit habe, dabei wusste er vermutlich nicht, wo ihm der Kopf stand. Die ausländischen Besucher gaben sich die Klinke in die Hand, von all den innenpolitischen

Terminen gar nicht zu reden. Was mir sonst noch aufgefallen ist – er war ein gut aussehender Mann. Sehr, sehr freundlich und zugewandt. Er machte auf mich auch einen sehr engagierten Eindruck. Es war angenehm. Kann ich nicht anders sagen.

Das Interview dauerte etwa eine Viertelstunde. Hinterher waren Stephan Kühnrich und ich in gewisser Weise nahezu euphorisch darüber, dass uns das gelungen war. Wir konnten es noch gar nicht so recht glauben. Das war schon was ganz anderes, als ihn nur bei offiziellen Veranstaltungen zu sehen oder dabei zu sein, wenn er, was er damals noch ausgiebig gemacht hat, durch die Lande reiste, um die Menschen von Perestroika und Glasnost zu überzeugen.

Die Kollegen der ARD waren erst mal relativ ungläubig. Und, das muss man auch sagen, es kam tatsächlich auch so was wie: „Ausgerechnet eine Frau hat das erste Interview bekommen. Muss das sein?" Jedenfalls haben wir dann wegen des Sendetermins am gleichen Tag ziemlich Gas geben müssen, denn wir brauchten ja vor der Ausstrahlung eine autorisierte Übersetzung. Bis zur letzten Minute war es in mehrfacher Hinsicht ein Kraftakt, den ich allerdings nicht missen möchte.

Aber zurück zu Michail Gorbatschow. 1992 gab es eine ziemlich hochkarätig besetzte Konferenz in Bonn, zu der auch Gorbatschow eingeladen war, obwohl er ja keine staatliche Funktion mehr bekleidet hat. Aber er war nach wie vor, jedenfalls im Westen, eine Autorität. Bei dieser Konferenz ging es um wirtschaftliches Engagement in Russland. Ich hatte die Aufgabe, diese Veranstaltung zu moderieren, und hab natürlich nie damit gerechnet, dass Gorbatschow mich wiedererkennt. Aber als wir alle zum Vorgespräch zusammenkamen und er mich entdeckte, hat er die anderen stehen lassen, kam sehr freundlich auf mich zu und hat mich überaus herzlich begrüßt.

Im Umfeld dieser Konferenz gab es intensive Gespräche zwischen ihm und mir. Wir haben in den Pausen zusammengesessen und über politische Perspektiven von Europa, inklusive Russland, gesprochen. Mein Mann, der immer mit dabei war, hat das auf Fotos sehr schön festgehalten. Man sieht die Ernsthaftigkeit, mit der wir diskutiert haben. Das war für mich ein sehr eindrucksvolles Erlebnis.

Gorbatschow hatte Selbstdisziplin. Dieser Mann hatte Kampfgeist, der hatte Durchhaltevermögen und so was wie Aufrichtigkeit. Das war neu in der Funktion eines Generalsekretärs der Kommunistischen Partei. Das hatte es vorher so noch nie gegeben. Dementsprechend war die Skepsis im Ausland groß. Man wollte das nicht glauben und nicht wenige haben sich ja auch so geäußert, als sei es ganz besonders infam, auf diese freundliche Weise alle um den Finger wickeln zu wollen. Als Gorbatschow mit seinen revolutionären Abrüstungsplänen kam, hat ihm das im Westen erst mal niemand geglaubt. Das konnte ja nur eine besonders hinterhältige Finte sein. Man war so irritiert und überrascht, dass so etwas ausgerechnet aus der Sowjetunion kam. Jedenfalls führte es dazu, dass auch diejenigen im Westen, die zwar das Wort Abrüstung im Munde führten, aber nie damit gerechnet hatten, dass sich Moskau darauf einlassen würde, jetzt Farbe bekennen mussten.

Wissen Sie, ich hatte im Laufe meines beruflichen Lebens zwangsläufig mit vielen Politikern zu tun. Michail Gorbatschow war etwas ganz Besonderes. Es war der Mensch dahinter, der mir die Hoffnung gegeben hat, dass Politik jenseits von Partei- und Eigeninteressen möglich ist. Dieses „Ernstnehmen", sich auf Dinge und Menschen einlassen und nicht jemanden wegbürsten, weil es gerade nicht ins Konzept passt. Es gab viele Situationen, in denen ich gedacht habe, er hat doch sicher anderes im Kopf und jede Menge wichtige, drängende Aufgaben vor der Brust, und doch hat er sich im Kontakt mit Menschen nicht aufs Abwimmeln verlegt. Das war schon besonders.

Ich gebe Ihnen mal ein sehr persönliches Beispiel. Mein Mann Lothar hatte seinen 85. Geburtstag und war ziemlich krank. Michail Gorbatschow wusste das und hat meinem Mann zum Geburtstag einen langen Brief geschrieben, der war unglaublich. Der war so warmherzig und so lieb – ich kann bis heute kaum darüber reden, ohne die Fassung zu verlieren, weil mich das tief berührt hat. Als ich den Brief damals meinem Mann vorgelesen habe, hatte ich Probleme, meine Tränen zurückzuhalten. Wenn ich mir vergegenwärtige, was er ihm damals geschrieben hat – ich habe so etwas nie erwartet, so tiefe Emotionen. Wenn das innerhalb einer Familie passiert – ja. Aber so? Ich kann das wirklich kaum beschreiben, was es in mir, aber eben gerade auch in meinem Mann ausgelöst hat.

Ich mochte an Michail Gorbatschow seine Art, zuzuhören, bedingungslos zuzuhören, sich auf andere einzulassen. Und auch geduldig zu argumentieren, sein Land im Blick zu haben, ohne Rücksicht auf die eigene Person und letztlich auch ohne Rücksicht auf seine Familie. Das habe ich so bei keinem anderen Politiker wahrgenommen. Er war in gewisser Weise sehr, sehr mutig, verantwortungsbewusst, auf jeden Fall intelligent und selbstlos, denn sonst hätte er einige Entscheidungen anders getroffen. Solche Politiker laufen leider weltweit nicht haufenweise herum.

Zwischen ihm und seiner Frau Raissa gab es eine innige, intensive Verbindung. Ähnlich wie die zwischen meinem Mann und mir. Das haben wir beide gespürt, Michail Gorbatschow und ich. Er hat unsagbar gelitten, als Raissa gestorben ist. Ich habe damals immer an die Zeit denken müssen, als er und seine Familie während des Putschversuchs in Moskau im Sommer 1991 auf der Krim festgehalten und bedroht wurden. Das hat Raissa einen ziemlichen Knacks versetzt.

Ich habe lange über Ihre Frage nachgedacht, was ich an Gorbatschow nicht mochte. Mir fällt beim besten Willen nichts ein. Viele haben ihm, gerade auch im Westen, vorgeworfen, dass er unentschlossen gewesen sei und warum er nicht das und das und das zügig umgesetzt hätte. Was die meisten dieser Kritiker dabei übersehen, ist, was an seinen Entscheidungen alles dranhing in diesem Riesenland.

Und man muss ja nur mal an die Geschichte denken, wo dieses Land herkam. In der Sowjetunion gab es im Gegensatz zu manchen osteuropäischen Ländern nichts, woran man sich zum Thema demokratische Strukturen hätte erinnern können. Die Menschen dort sind von der Zarenherrschaft gleich in die Diktatur der Kommunistischen Partei geschliddert. Das macht einen Unterschied. Diesen Riesenklotz mit den vielen Nationalitäten und dieser Unmenge an Problemen – trotz aller verordneter Völkerfreundschaft –, diesen Klotz in der Umbauphase der Perestroika zu steuern, war sehr schwierig. Stabilität hat in dem Zusammenhang eine ganz andere Bedeutung als für uns hier, wo alles in mehr oder weniger geregelten Bahnen läuft. Zu erwarten, dass man in einer solchen einmaligen historischen Situation hundertprozentig Ja oder hundertprozentig Nein sagen kann und am nächsten Tag immer noch denkt, dass das hundertprozentig so richtig gewesen ist, halte ich für absolut vermessen und realitätsfern.

Ich habe das während meiner Korrespondentenzeit hautnah mitbekommen: Die Berater wurden aus Deutschland, der EU und aus den USA dutzendweise eingeflogen und die wussten natürlich ganz genau, wie es zu gehen hat. Auch dieses sogenannte 500-Tage-Programm zur Einführung der Marktwirtschaft. Das war ein typisches Beispiel dafür, was dabei herauskommt, wenn man Theorie und Praxis verwechselt. Am schlimmsten waren die sicher hoch qualifizierten Harvard-Absolventen, die mehr bevormundet als beraten haben, und das ohne überhaupt irgendwas von diesem Land begriffen zu haben.

Was ich in meiner Korrespondentenzeit immer versucht habe zu transportieren: Selbst ungeliebte, schlecht funktionierende kommunistische Strukturen waren trotzdem noch Strukturen, die wenigstens halbwegs funktionierten. Als alles eingerissen wurde und noch nichts Neues zur Verfügung stand, da brach natürlich das Chaos aus und dafür hatten die aus dem Westen relativ wenig Verständnis. Das hatte man einfach nicht im Blick. Und dann dieser Popanz der Privatisierung. Natürlich war die Privatisierung wichtig und die Freiheit, dass man Leute machen lässt, wenn sie gerne selbstständig etwas machen wollen. Aber diese Krampfnummer, dass zum Beispiel Kolchosen, diese landwirtschaftlichen Staatsgüter, auf Teufel komm raus sofort privatisiert werden müssen, sonst gibt's keine Hilfe von der Weltbank oder dem IWF oder wem auch immer. Das war – pardon – ziemlich unsinnig und ganz sicher keine Hilfe.

Ich habe damals über dieses Thema auch viele Beiträge gemacht. Ich erinnere mich zum Beispiel an eine Kolchose in der Nähe von Moskau, deren Leiter die Zeichen der Zeit begriffen hatte und der diesen Betrieb sehr pfiffig auf Vordermann gebracht hat. Es lief alles bestens. Und daneben dann eine Kolchose, die mit Macht sogenannt privatisiert wurde, danach – oh Wunder – aber schlechter lief als vorher. Die Wahrheit war: Niemand wusste, wie's ging. Wie auch? Und viele von denen, die dann solche Betriebe gekauft haben, waren mehr daran interessiert, Werte herauszuziehen, als zu investieren und aufzubauen. Dieses „Nicht-genau-Hinschauen" und nur mit Schlagworten und Etikettierungen zu hantieren und zu glauben, auf diese Weise eine gewachsene Gesellschaft umstrukturieren zu können – das kann zu nichts Gutem führen.

Dass Gorbatschow es dennoch geschafft hat, Reformen ohne

großes Blutvergießen umzusetzen – immerhin hat es kein Jugoslawien gegeben –, dass er das geschafft hat, das hat meines Erachtens mit dieser überlegten oder sich immer wieder korrigierenden Art zu tun. Unentschlossenheit würde ich das nun wirklich nicht nennen.

Was gibt es sonst noch zu sagen? Michail Gorbatschow und ich haben uns im Laufe der Jahre mehrfach auf Vortragsveranstaltungen und Podiumsdiskussionen getroffen. Ich war da manchmal in der Rolle der Moderatorin oder auch als Podiumsteilnehmerin. Dann wurde in den 1990er Jahren in Düsseldorf eine Zweigstelle der Gorbatschow-Stiftung eröffnet. Zur Auftaktveranstaltung haben sowohl Gorbatschow als auch ich eine Rede gehalten. Und er hat in seiner so viel Gutes über mich gesagt, sowohl fachlich als auch persönlich, das rührt mich heute noch. Noch etwas, das mir eingefallen ist. Im Umfeld einer solchen Begegnung hat er mich einmal um Rat gefragt. Er wollte wissen, ob ich ihm rate, eine Einladung zu „Wetten, dass …?" anzunehmen. Ich erwähne das, um zu zeigen, was wir für ein Vertrauensverhältnis hatten.

Zu seinem 80. Geburtstag habe ich einen kleinen Artikel verfasst. Unter anderem habe ich darin Folgendes geschrieben: „Was mich am meisten am Menschen Michail Sergejewitsch fasziniert, ist seine Warmherzigkeit. Er hört zu, er bezieht Position, auch wenn sie gerade nicht opportun ist. Er kämpft für seine Überzeugung, er wirbt für seine Ideen. Warum wohl suchen gerade junge Menschen seine Nähe? Ist es die Glaubwürdigkeit, die ihn förmlich umgibt? Es ist die Bereitschaft, seine Gegenüber ernst zu nehmen. Gorbatschow ist authentisch, er opfert nichts auf dem Altar der aktuellen Tagespolitik, die es opportun erscheinen lassen könnte, sich wahlweise herauszuhalten oder auf einen Zug aufzuspringen, je nachdem, womit man selbst besser aussieht."

Ja, was habe ich von ihm gelernt? Das ist im Grunde genommen das, was ich eben schon mal erwähnt habe. Das betrifft Selbstdisziplin und Kampfgeist. Und dieses Durchhalten. Sich nicht abbringen lassen vom Ziel, auch wenn drum herum sonst was brodelt. Egal. Auf einer vernünftigen Basis zu Entscheidungen kommen und wenn man sich eine Meinung gebildet hat, dann nicht hin und her hüpfen, nur weil rundherum andere etwas anderes sagen.

Im Petersburger Dialog, der 2000 gegründet wurde, habe ich mit Gorbatschow zusammengearbeitet. Von Beginn an saß ich im deutschen Lenkungsausschuss und Gorbatschow war von 2002 bis 2009 Leiter des russischen Lenkungsausschusses. Wir haben in dieser Zeit intensiv am Aufbau eines deutsch-russischen Jugendaustausches gearbeitet. Den gab es damals nicht und ich fand es sehr wichtig, so etwas zu installieren. Das ist für mich Teil von Friedenspolitik. Wenn sich junge Leute gegenseitig kennenlernen, dann werden sie immun gegen dummes Gequatsche. Gorbatschow hat sich geradezu kämpferisch dafür eingesetzt, dass so ein Austauschprogramm zustande kam, wobei seine Stimme bei uns natürlich ein großes Gewicht hatte. Aber es war ein richtig hartes Stück Arbeit, vor allem auf deutscher Seite.

Als Gorbatschow gestorben ist, war ich insofern in einer schlimmen Situation, weil mein Mann auch gerade erst gestorben war. Das war nicht einfach. Mir hat das wehgetan, denn es war ja mehr als ein beruflicher Kontakt zwischen uns. Ich würde es inniges Verstehen nennen. Was ich damit sagen will: Er war zu diesem Kontakt auch bereit, als er selbst schon sehr krank war und die meiste Zeit im Krankenhaus zugebracht hat. Er hat sich zum Beispiel sehr mitfühlend geäußert, als mein Mann starb.

Michail Gorbatschow hat mich in meiner Arbeit immer wieder unterstützt, zum Beispiel nach dem Erscheinen des Buches „Was passiert in Russland?". Das war um 2008 herum. Da gab es den Georgienkrieg und Unregelmäßigkeiten bei den russischen Wahlen und ich habe versucht, einen differenzierten Blick darauf zu werfen und nicht in das damals opportune allgemeine Russland-Bashing einzustimmen. Dafür wurde ich ziemlich angegriffen. Und Gorbatschow hat meine Arbeit in einem offenen Brief an die deutsche Presse in Schutz genommen. Für „Russland verstehen", das 2015 erschienen ist und das es sowohl auf Russisch als auch auf Niederländisch gibt, hat er damals eine Empfehlung verfasst. Es war – wie soll ich das ausdrücken – eine Beziehung, die über den beruflichen Kontakt hinausging. Ich hab das ja eben versucht zu beschreiben. Er hat das, was ich tat, ernst genommen, auch wenn wir einmal nicht einer Meinung waren.

Er war immer an der Sache, den Menschen und seinem Land interessiert, das er von Grund auf umbauen und dafür sein Bestes tun wollte. Außerdem hat er sehr früh begriffen, dass wir nur diese eine Welt haben, und er hatte viele gute Ideen in Richtung Umweltschutz. Dabei war ihm eine internationale Zusammenarbeit gerade auf technischem Gebiet sehr wichtig.

Wenn er damals hätte weitermachen können – ich glaube, die Welt sähe heute anders, besser aus.

Ich hatte überlegt, zu seiner Beerdigung nach Moskau zu fahren. Wahrscheinlich war es gut, dass ich nicht hingefahren bin. Ich hätte den Schmerz nur schwer aushalten können. Was ich so abgrundtief furchtbar finde, ist, wie die deutsche Regierung und entsprechende sogenannte Würdenträger damit umgegangen sind. Es war ein Armutszeugnis und absolut schlimm. Mir fehlen bis heute die Worte dafür, wie verabscheuungswürdig ich das fand.

Ein ähnlich schofeliges Verhalten hatte es ja schon mal gegeben, und zwar bei einer Feier zur deutschen Einheit. Das war zu Jelzins

Zeiten. Ich erinnere das sehr genau: Da war Gorbatschow erst eingeladen worden. Dann hat Herr Jelzin signalisiert, dass ihm das nicht passt. Und dann hat man Gorbatschow wieder ausgeladen. Das war unglaublich!

Wie kann man mit jemandem so umgehen, der im Wesentlichen dafür verantwortlich war, dass die deutsche Vereinigung gelungen ist, dass eine halbe Million sowjetischer Soldaten in einem Höllentempo aus der DDR abgezogen wurde? So jemand hat weiß Gott mehr Respekt verdient. Wissen Sie noch, für die abgezogenen Soldaten gab es zu Hause gar keinen Platz. Man wusste nicht, wohin mit ihnen. Es gab keine Unterkünfte. Die Versorgung funktionierte nicht und Familien konnten nicht mehr zusammenleben. Es war menschlich eine ziemliche Katastrophe und trotzdem haben sie es gemacht und sich strikt an das festgelegte Abzugsdatum gehalten.

In der Sowjetunion beziehungsweise in Russland hat man alles, was sich negativ entwickelt hat, im Grunde Gorbatschow angekreidet und nicht Jelzin, der einen sehr großen Anteil daran hatte, dass es so schlecht gelaufen ist. Mir tut es unendlich leid, dass Gorbatschow vor allem in den letzten Jahren seines Lebens für seine Leistungen keine Anerkennung erfahren hat. Die gängige Sichtweise in Russland ist: Er hat uns mehr genommen, als er uns gegeben hat. Und das, was er gegeben hat, wurde im Nullkommanichts als selbstverständlich wahrgenommen. Um es brutal zu sagen: Das Maul aufreißen zu können, ohne dass einem was passiert, wurde ganz schnell normal und keine große Leistung. Heute ist es eher wieder wie früher, leider.

Wenn man sich heute überlegt, dass die Konstruktion der neuen Union, die sich Gorbatschow und andere ausgedacht hatten, funktioniert hätte – du lieber Gott, das darf man sich gar nicht ausmalen, welche Perspektiven das für unseren Kontinent geboten hätte.

Doch, ja, ich vermisse ihn. Mit Antje Vollmer konnte ich mich immer gut austauschen und auf einer anderen Ebene hatte Gorbatschow diese Rolle für mich auch: Er hat viel erlebt, er hat viel nachgedacht und hatte eine sehr spezielle Vorstellung davon, wie Politik auszusehen hat. Willy Brandt hat 1989 von der Lomonossow-Universität in Moskau die Ehrendoktorwürde verliehen bekommen. Zu diesem Anlass hat er Michail Gorbatschow gefragt, was er sich vom Westen wünsche. Gorbatschow hat mit einem Wort geantwortet: „Verständnis." Jetzt kann sich jeder überlegen, ob er damit nur „verstehen" oder auch „Verständnis haben" gemeint hat.

Victor Kuvaldin
*Außenpolitischer Berater
Mitarbeiter
Moskau*

Vermutlich zu human für seine historische Aufgabe

Ich traf Michail Gorbatschow das erste Mal persönlich am 23. Dezember 1991, zwei Tage vor seinem Rücktritt als Präsident der Sowjetunion. Es war vermutlich so gegen ein Uhr mittags, als er das gesamte Gorbatschow-Team in sein Büro im Kreml einlud. Das Team war zu dieser Zeit schon stark geschrumpft; es war das letzte Treffen, ungefähr 14–15 Personen waren anwesend.

Seine Ansprache war emotional und sehr offen. Er machte sehr deutlich und jedem verständlich, dass unsere Tage nicht nur gezählt seien – das Ganze sei zu Ende. Er sagte offen, dass er zurücktreten würde. Zwei Tage später gingen wir alle. Das Team löste sich auf, ich kehrte niemals in den Kreml zurück.

Ich fühlte immer, dass sein Scheitern nicht sein Fehler gewesen war. Ich verstehe das als mein Versagen, auch weil Gorbatschow aus sehr einfachen Verhältnissen kam. Er war in eine bäuerliche Familie im Süden Russlands hineingeboren worden, weit weg von Moskau oder anderen Zentren des Landes. Während ich in eine sehr gute Schule in Moskau ging, besuchte Gorbatschow zur Zeit des Krieges die Schule in seinem Heimatdorf Priwolnoje.

Er studierte, wie ich, an der besten Universität des Landes, der Lomonossow-Universität in Moskau. Sein Studium fiel in die letzten Jahre Joseph Stalins und die ersten unter Chruschtschow. Ich studierte dort zehn Jahre später in der letzten Phase der Chruschtschow-Ära. Das war viel besser, denn es war eine andere Zeit.

Mein Leben führte ich in einer akademischen, sehr urbanen und intellektuellen Welt inmitten der sowjetischen Gesellschaft. Das bedeutete, dass ich sehr viel mehr Gelegenheit hatte, zu verstehen, wie es im Land, ja in der ganzen Welt zuging. Während dieser Jahre, in denen ich in diesem akademischen „Thinktank" – dem besten der damaligen Sowjetunion – arbeitete und Weltwirtschaft und internationale Beziehungen studierte, war ich umgeben von vielen klugen Köpfen und absorbierte all dies Wissen als einen natürlichen Teil meines Lebens. Aus diesem Grund hatte ich als Gorbatschows Berater und Redenschreiber eine gute Chance, ihm fundierte Hinweise zu dem zu geben, was passierte und falsch lief, denn er musste eine gewaltige intellektuelle Leistung bringen, um das notwendige Verständnis für die Situation des Landes zu bekommen.

Sicher, seine entscheidende Rolle für das, was da in der Sowjetunion geschah, hatte etwas von einer Art Trendsetting, sie war geradezu futuristisch. Am Ende seines politischen Weges war er kein

Kommunist mehr, sondern ein am westlichen Bild orientierter Sozialdemokrat. Er hatte nicht viel Mitleid mit dem kommunistischen System gehabt, denn es ging ihm nicht um den Erhalt imperialer Macht. Es ging ihm um Glasnost und Perestroika in der UdSSR, zusammen mit der Verwandlung zum „gemeinsamen Haus" für die unterschiedlichen Völker, deren Sichtweisen, Nationalitäten, Religionen, Ansichten, persönliche und kollektive Geschichten, die vorher friedlich zusammengelebt und in der Sowjetzeit etwas Großartiges geschaffen hatten.

Dass es am Ende nicht gelang, war nicht sein Fehler, sondern unser Fehler als Team und zuvorderst meiner, ich sagte das bereits. Ich hätte intelligenter und beharrlicher auf die Entwicklungen einwirken müssen. Der Fairness halber müssen wir anerkennen, dass Gorbatschow seinem Team oder mir persönlich niemals etwas vorgeworfen hat. Ich denke: Genau das und so ist Gorbatschow!

Ab Anfang 1992 arbeitete ich dann in der Gorbatschow-Stiftung. Ich war vom ersten Tag an da und blieb für 20 Jahre Teil des neu-alten Gorbatschow-Teams, zumeist als Mitglied und Leiter verschiedener Forschungszentren. Eine meiner Aufgaben bestand darin, interessante Leute in die Stiftung einzuladen, um die Aspekte der aktuellen Politik zu diskutieren. Ich erinnere noch den Tag im Jahr 1992, als er durch die Stiftungsbüros ging und die Leute, die dort arbeiteten, besuchte. Als er zu mir kam, sagte er: „Victor, du bist in deinem letzten Artikel zu sanft mit Jelzin und seinem Team umgegangen." Dieser Artikel war in der „Nesawissimaja Gaseta" erschienen, der populärsten und einflussreichsten Zeitschrift dieser Zeit.

Ich erinnere auch ein anderes interessantes Gespräch: Ich besuchte ihn in seinem Büro, wir waren allein und ich merkte etwas zu einem sehr bekannten Politiker an, dessen Namen ich hier nicht nennen will. Der hatte Kontakt zu ihm aufgenommen und vorgeschlagen, etwas gemeinsam zu schaffen – eine Partei oder eine Bewegung oder so was. Ich sagte: „Michail Sergejewitsch, wie können Sie da zustimmen? Der Mann ist ein Verräter. Er hat Sie persönlich verraten. Und mehr als einmal." Lassen Sie mich Ihnen sagen, was Gorbatschow erwiderte. Er sagte: „Wenn ich deinem Rat folge, dann sind wir über kurz oder lang allein – du und ich. Und das ist es dann."

Im Laufe der 1990er Jahre standen wir uns sehr nahe, weil ich mit ihm und Raissa Maximowna, seiner Frau, ein sehr gutes Verhältnis hatte. Ende 2011 lief mein langjähriger Vertrag mit der Stiftung aus. In der Summe arbeitete ich also mehr als 20 Jahre für die Gorbatschow-Stiftung, von den 1990ern bis zum Beginn der zweiten Dekade des 21sten Jahrhunderts.

Ich mochte einfach alles an ihm. Ich mochte diesen Mann. Ich verbrachte meine Zeit gern mit ihm, genoss es, mit ihm durch die Welt zu reisen, mit ihm zusammenzusitzen und zu plaudern. Es war ein Genuss, mit ihm zu dinieren, manchmal nur wir beide allein, manchmal zusammen mit Raissa, manchmal mit anderen aus der Stiftung – meist ein kleiner Kreis.

Am meisten schätzte ich seine Menschlichkeit. Er war ein Mensch, sehr human. Vermutlich zu human für seine historische Aufgabe: Das war seine besondere Stärke und zur selben Zeit seine größte Schwäche. Denn manchmal muss ein Politiker in dieser Position auch skrupellos sein, etwas, was Gorbatschow absolut nicht konnte.

Ich kann nicht wirklich sagen, dass ich etwas nicht an ihm mochte. Im Umgang mit Menschen war er sehr verständnisvoll und mitfühlend. Er konnte ihre Stärken erkennen und ihre Schwächen und akzeptierte das alles. Er verstand, dass Menschen – Männer wie Frauen gleichermaßen – sehr komplexe und widersprüchliche Geschöpfe sein können. Höchst bemerkenswert ist, dass er sogar seine politischen Widersacher verstand.

Wie ich schon sagte, Michail Gorbatschow war ein Mensch. Ein wichtiger Teil seines Menschseins war, wie er Frauen behandelte – nicht nur Raissa, sie war augenscheinlich ein besonderer Fall. Er wertschätzte Frauen sehr, wesentlich mehr als Männer. Aus der Sicht des gewöhnlichen russischen Mannes war das befremdlich: Russen behandeln ihre Frauen nicht so, denn üblicherweise sind die Männer schwächer als ihre Frauen.

Ein Beispiel: In den 1990er Jahren wurde Russland von den Frauen über Wasser gehalten, nicht von den Männern. Gorbatschow, denke ich, stand auf der Seite der Frauen und damit auf der richtigen Seite der russischen Geschichte. Für mich ist das absolut verständlich.

Ich lernte von ihm so vieles, zum Beispiel Geduld, Mitgefühl, Verständnis für andere Menschen und wie ich mit denen, die mich umgeben, umgehe. Ich lernte auch, wie man schwierige Situationen im Leben durchsteht, ohne sich selbst zu verlieren. Es ist interessant, dass er mir niemals einen Rat gab. Er sagte nie: „Victor, das musst du jetzt tun", oder: „Du musst das auf diese bestimmte Weise tun!"

Ja, ich vermisse ihn sehr schmerzlich. Ich kann geradezu physisch spüren, dass er nicht mehr unter uns ist. Diese Welt, falls sie überlebt, benötigt dringend einen Mann dieser Art.

Bei seiner Beisetzung war ich vom Anfang bis zum Ende dabei. Meine Frau und ich nahmen auch am anschließenden Dinner teil. Das war ein weiterer besonderer Moment. Er war – wie soll ich es sagen – erfüllt von Gorbatschows Geist. Die Tische waren für sechs bis acht Personen gedeckt. Ich saß mit zwei Männern zusammen, die Gorbatschow sehr nahe standen: Karen Karagesjan und Witalij Gusenkow. Martin Hoffmann war ebenso anwesend, er kam aus Berlin.

Wir sprachen über Gorbatschow, und es war ein sehr gutes Gespräch, weil wir ihn alle sehr gut kannten, ihn liebten und eine lange Zeit mit ihm zusammen gewesen waren.

Es gab auch Menschen, die eine Trauerrede hielten. Die meisten, nicht alle, waren sehr gut. Ich möchte sagen, die Luft war erfüllt von Gorbatschows Leben, denn er war ein optimistischer, tatkräftiger Mensch. Ich glaube, er wäre froh gewesen zu sehen, wie wir unser letztes „Goodbye" zelebrierten.

Martin Hoffmann
Geschäftsführer Deutsch-Russisches
Forum
Berlin

Eine Gedenkstätte für Gorbatschow

1986 war ich dank eines sechsmonatigen Stipendiums der Universität Dortmund, wo ich Slawistik und Geschichte studierte, das erste Mal in der Sowjetunion. Nach einer langen Zeit der alten Männer im Kreml war im März 1985 der 54-jährige Michail Gorbatschow an die Macht gekommen. Das Land befand sich nach dem Einmarsch in Afghanistan wirtschaftlich und politisch in einer schwierigen Situation. 1980 boykottierten viele westliche Staaten die Olympischen Spiele in Moskau, vier Jahre später blieben die Ostblockländer den Spielen in Los Angeles fern. Michail Gorbatschow war damals der Hoffnungsträger der Russen. Nicht im Entferntesten dachte ich daran, dass ich mich nach der Zeit des Kalten Krieges einmal direkt mit ihm würde austauschen können.

Die sowjetische Bevölkerung erlebte ich als Deutschland und den Deutschen sehr zugewandt. Das hat mich tief, tief berührt. Man kann das schwer erklären. Als Deutscher fühlte ich mich eher mit Schuld beladen. Ich fand es fast schon ein wenig unangemessen, wie ich überall leuchtenden Augen begegnete, wenn ich sagte: „Ich komme aus Deutschland." Und wenn ich sagte: „Ich komme aus Westdeutschland", dann leuchteten die Augen noch einmal besonders, weil das ein Traum- und Zufluchtsort der Russen war.

Als einer der ersten Westler wurde ich Mitglied im Zentralen Schachklub Moskau. Dort eintreten zu dürfen, war für jeden Schachspieler der größte aller Träume, weil dort alle russischen Weltmeister spielten.

Das alles hat mich emotional so stark an dieses Land gebunden, dass ich seit fast 30 Jahren mit dem Deutsch-Russischen Forum alles in meiner Macht Stehende getan habe, um die Teile der Bürger auf beiden Seiten, die einander zugewandt sind, zusammenzubringen. Dabei war immer klar, dass das, was die Bürger miteinander verbindet, weder mit der Politik beider Länder zusammenhängt noch aus der Art ihres Denkens resultiert: Russen und Deutsche denken in vielem unterschiedlich, sie sind einander jedoch emotional auf manchmal fast irrationale Weise zugetan.

Aber zurück zum Anfang: Nach Studium und ersten Berufsjahren wurde ich 1995 Geschäftsführer des Deutsch-Russischen Forums e. V. Der Verein hatte sich 1993 nach dem Muster der deutsch-amerikanischen Atlantik-Brücke gegründet, um Kontakte zwischen den Bürgern beider Länder im Sinn der Charta 1990 von Paris mit Leben zu füllen. Das Forum finanziert sich ausschließlich aus privaten Mitteln, vor allem aus der Wirtschaft. Die Unterstützer sehen ihr Engagement nicht als Lobbyarbeit im eigentlichen Sinn. Sie wollen zivilgesellschaftliche Kontakte fördern in Form von Jugendaustausch, Städtepartnerschaften und Bildungszusammenarbeit. Sie sagen: „Davon haben wir zwar nicht direkt etwas, aber es ist ein wichtiges Signal, gerade auch an Russland."

Später kam bei Gerhard Schröder und Wladimir Putin die Überlegung, diese Kontakte auch politisch zu unterstützen. Damit machten sie deutlich, dass dem russischen und dem deutschen Staat alle Kooperationsbereiche erwünscht waren. Zu diesem Zweck riefen sie den Petersburger Dialog e. V., für den ich ebenfalls als Geschäftsführer gearbeitet habe, ins Leben. Der deutsche Teil des Vereins wurde im April 2023 aufgelöst, der russische Teil besteht weiterhin.

Michail Gorbatschow habe ich das erste Mal 2001 im Rahmen des Petersburger Dialogs getroffen. Er hatte den russischen Vorsitz von Boris Gryslow übernommen, der Innenminister geworden war. Gorbatschow war nun – gemeinsam mit dem deutschen Vorsitzenden Peter Boenisch – mein neuer Chef.

Mein erster Eindruck von Michail Gorbatschow ist mir gut im Gedächtnis geblieben. Damals war ich ein Mitarbeiter ohne größere Bedeutung, ein „stiller" Manager im Hintergrund. Die Art und Weise, wie Gorbatschow mit mir umging, war ich nicht gewohnt. Er war als Politiker und als Mensch in einer Weise freundlich und warmherzig, wie ich es von russischen Offiziellen nicht kannte. Allein, dass er die hierarchischen, ja fast byzantinischen Denkmuster der Macht hinter sich lassen konnte! Wenn er von der Person ihm gegenüber angezogen war, legte er keinen Wert auf Rangordnung und Status. Das berührte und faszinierte mich zutiefst.

Er suchte einen anderen, direkteren Zugang zu den Menschen. Diesen Umgang pflegte er überall. Spontan sagte er zu mir: „Wir gehen jetzt mal zum Essen da und da hin. Sieh mal zu, wie du das organisierst." Ich erinnere mich an eine Situation in Hamburg, wo er privat in einem Haus an der Elbchaussee einen von der Körber-Stiftung organisierten, ganz wunderbaren Abend hatte. Doch dann wollte er eine andere Atmosphäre, und ich ging mit ihm in ein bayerisches Restaurant. Dort konnte man gar nicht glauben, dass plötzlich Michail Gorbatschow auftauchte. Und er war so begeistert, dass er sofort Kontakt zu den Menschen aufnahm.

So war er einfach: authentisch durch und durch. Da war nichts Gespieltes, da war nichts Taktisches. Seine Volksverbundenheit entsprang einem tiefen Bedürfnis: Er wollte die Menschen – in diesem Fall Deutsche und Russen – zusammenbringen.

Mit Michail Gorbatschow hatte ich zwei kommunikative Berührungspunkte. Zum einen war ich derjenige, der ihn bei seiner Arbeit in Deutschland unterstützte. Zum anderen organisierte ich die Treffen des Petersburger Dialogs in Russland. Wenn ich ihn bei diesen Gelegenheiten traf und ihn begleitete, konnte ich mich ausführlich mit ihm unterhalten.

Ich bin Historiker und hatte viele Fragen, die mich interessierten: Wie hatte Gorbatschow die Zeit des Kalten Krieges wahrgenommen? Wie hatte er, der das ganze Politbüro gegen sich hatte, diese Hürde überwunden? Wie blickte er auf die NATO-Osterweiterung? Hatte es darüber Vereinbarungen gegeben oder nicht? Mich interessierten seine persönlichen Eindrücke von Helmut Kohl und Hans-Dietrich Genscher. Wie sah er die Amerikaner? Also all solche Fragen, in die die offiziellen Statements niemals Licht bringen.

Dann war da auch seine Utopie: Wie stellte er sich den idealen Staat vor? Gorbatschow war ja Leninist. Er verstand Lenins Politik als den Versuch, einem großen Teil der russischen Gesellschaft die Würde, die ihr die Zarenherrschaft genommen hatte, zurückzugeben, unter anderem mit einer sozial gerechten Ökonomie.

Ich will Ihnen ein Beispiel geben: Als ich 1986 in Moskau studierte, fuhr ich spätabends mit der Metro aus dem Zentrum zu meiner Station Jugo-Sapadnaja zurück. Jedes Mal lagen hier an der Endstation nicht fünf oder sechs, sondern 30, 40, 50 betrunkene Menschen in den alle halbe Stunde fahrenden Zügen. Weil die alle nicht mehr aufstehen konnten, fuhren die Züge direkt weiter zur Ausnüchterungsstation. Gorbatschow hatte ab 1985 eine Anti-Alkohol-Kampagne initiiert, die ich 1986 voll mitbekam. Er hat im Einklang mit seiner Vorstellung vom Leninismus gesagt: Wenn du eine würdige Gesellschaft herstellen willst, musst du kontrollierend eingreifen. Er war davon überzeugt, dass ein so großes Reich wie das russische nicht basisdemokratisch, sondern nur durch eine „regulierende gerechte Hand" vorangebracht werden kann. Das hieß aber nicht, dass er Lenins Politik im Einzelnen gerechtfertigt hätte. Überhaupt nicht.

Weil er mein Chef beim Petersburger Dialog war, begleitete ich Gorbatschow bei allen Reisen in Deutschland. Dabei haben wir oft über die Wiedervereinigung gesprochen. Er sagte dann immer, in der russischen Bevölkerung habe er bei vielen seiner Reformen im Land einen Widerstand gespürt. Bei der deutschen Wiedervereinigung hingegen habe er sich von einem breiten Teil der russischen Bürger getragen gefühlt. Es habe kaum Zurückhaltung, Skepsis oder gar Angst gegeben.

Ich habe es nie erlebt, dass mich Gorbatschow – wie ich es bei anderen Vorgesetzten schon erlebt habe – einmal angefahren hätte. So etwas hat er nicht gemacht. Er ging einfach davon aus, dass die Dinge, die ich zu regeln hatte, auch funktionierten.

Die persönliche, zwischenmenschliche Ebene hat er in unserer Zusammenarbeit immer hochgehalten. Dass er einmal private Nähe zuließ, sich dann aber wieder distanzierte – das hat es nie gegeben. Wenn wir mit anderen zusammenstanden, wandte er sich nicht von mir ab. Er gab mir nie das Gefühl, nichts von mir sehen oder hören zu wollen, sondern ging mit mir um wie mit jemandem, dem er menschlich nahe stand. In den Gesprächen, die wir führten, behandelte er mich immer als gleichwertig. Natürlich hat primär er gesprochen, und ich habe ihm zugehört. Doch dass ihm das Gespräch wichtig war und er mich als Person ernst nahm, daran gab es für mich nie Zweifel.

Ich erinnere mich, dass wir zufälligerweise einmal im gleichen Konzert waren. Karen Karagesjan, Gorbatschows engster Berater, traf meine heutige Ehefrau und mich und fragte, ob wir nicht zusammen mit Michail Sergejewitsch in die Pause gehen wollten. Und so saßen wir zusammen, sprachen miteinander. Damals waren wir noch nicht verheiratet, und er fragte mich, wie das denn nun mit meiner Partnerin und mir sei. Ich sagte: „Wir können uns nicht richtig entscheiden. Meine Frau wohnt in Prenzlauer Berg im ehemaligen Ostberlin. Ich lebe eher bürgerlich in Wilmersdorf im alten Westberlin." Er sagte dann: „Du musst das tun, was deine Frau will. Das ist ganz wichtig für dich."

Dieser Rat Gorbatschows, eines russischen Mannes, der in einer doch eher patriarchalisch geprägten Gesellschaft sozialisiert wurde, war mir äußerst sympathisch. Ich bat ihn dann, die Patenschaft für unsere Ehe zu übernehmen.

Von Gorbatschow habe ich gelernt, dass sich stets eine Chance finden lässt, aufeinander zuzugehen. In der zivilgesellschaftlichen Zusammenarbeit gab es immer wieder einmal Konfliktsituationen – Russen und Deutsche kommen eben aus verschiedenen Traditionen und denken in mancher Hinsicht unterschiedlich, ich erwähnte es vorhin. Gorbatschow war der Überzeugung, dass man selbst den ersten Schritt tun müsse, wenn man Verständigung will. Dabei verstand er es geschickt, immer wieder Räume für Gespräche zu öffnen:

Er traute seinem Gegenüber und vertraute darauf, dass eine Übereinkunft erreicht werden kann. Das habe ich mir zu eigen gemacht und versuche, Russen und Deutschen Wege zueinander zu ebnen. Ich glaube, dass viele Russen das mit mir verbinden.

Die Brücke nach Amerika beispielsweise hat Gorbatschow nur bauen können, weil er den ersten Schritt getan hat. Ihm war sehr wohl klar, dass die Amerikaner den nicht gemacht hätten. In Russland hat bis heute kaum jemand verstanden, wie er der Einbindung des wiedervereinigten Deutschlands in die NATO und dem Abzug der Sowjetarmee aus den ehemaligen Ostblockstaaten zustimmen konnte. Gorbatschow hat das gemacht und wusste, dass er sich damit angreifbar machte und dass er scheitern konnte – was ihm dann auch passiert ist. Er hatte den in Vorgesprächen gemachten Zusicherungen europäischer und amerikanischer Politiker vertraut, dass die NATO sich nicht nach Osten ausdehnen würde. Vertraglich wurde das nicht fixiert – schließlich gab es ja den Warschauer Pakt noch –, aber es war vollkommen klar, dass Gorbatschow in weiterer Folge eine schriftliche Vereinbarung erwartet hatte, die es dann jedoch nicht gegeben hat.

Die Art und Weise, wie er damit umging, dass er gescheitert war, dass es letztlich nicht gelungen war, ein gemeinsames Haus Europa zu bauen, das schätzte ich an ihm. Er hat einmal gesagt: „Ich habe es versucht." Das passte so gut zu ihm. Er hat es nicht in tiefer Trauer gesagt, sondern in dem Bewusstsein, dass er eine historische Figur ist: Ein einzelner Mensch hatte der Weltgeschichte eine neue Richtung gegeben. In dieser Hinsicht war er kein bescheidener Mann. Ja, er hatte großes Selbstvertrauen, aber ihm war auch bewusst: Scheitern gehört dazu.

Ja, ich habe ihn sehr gemocht, wobei ich mein Empfinden mit „mögen" nicht richtig wiedergebe. Gorbatschow, mit dem ich seit

1986 erst indirekt und später direkt verbunden war, ist lange eine Art Zentrum für mein Leben gewesen. Mein Beruf ist meine Berufung, und Gorbatschow spielte dabei eine prägende Rolle: Er, der zwischen Ost und West vermittelt hatte, war so etwas wie ein Leitstern für die Aufgabe, die für mich Teil meines Seins ist: zwischen Deutschen und Russen zu vermitteln und Verbindungen zwischen unseren Gesellschaften zu schaffen.

Deswegen war mir nach seinem Tod am 30. August 2022 klar: Ich muss zu seiner Beerdigung fahren, um ihm die letzte Ehre zu erweisen. Nach Moskau zu reisen, war ein irrer Aufwand. Anders jedoch hätte ich mit seinem Tod nicht umgehen können. Ich wollte mich persönlich am 3. September von ihm verabschieden und dazu gehörte für mich, dass ich sowohl bei der Beerdigung auf dem Friedhof als auch beim Abendessen mit Verwandten, Freunden und Wegbegleitern dabei sein konnte.

Bewegend war für mich, dass ich der Einzige aus Deutschland war. Ich habe erlebt, wie viele Menschen ihn gerade in Deutschland geschätzt und geliebt haben, und das bis in die höchsten politischen Ämter. Wenn Michail Gorbatschow irgendwo auftauchte, haben sich alle um ihn gedrängt und gehofft, dass er mit ihnen spricht. Dass von all diesen Menschen, die ihm auch oft gesagt haben: „Egal, was Sie haben, wir tun alles für Sie", dass niemand mehr in dieser letzten Stunde bei ihm sein konnte oder wollte, das hat mich sehr aufgewühlt. Seine Tochter Irina sagte mir, dass er Hunderte von wunderbaren Briefen bekommen hat. Viele, viele Menschen haben an Gorbatschow gedacht.

Nach der Beerdigung saßen wir beim Abendessen zusammen mit seiner Tochter, den Enkelkindern und den Menschen, die ihn seit Jahrzehnten, auch in der Zeit der Perestroika, begleitet hatten. Wir saßen alle da und wussten: Es ist etwas geglückt, und es ist etwas gescheitert. Das war die Stimmung, und in der spiegelte sich Gorbatschows Politikbewusstsein wider: Man muss für sich selbst urteilen, was man machen konnte und was man nicht machen konnte, was gelungen und was nicht gelungen ist.

Ich vermisse Michail Sergejewitsch sehr.

Wissen Sie, Gorbatschow und all jene in Europa, die mit ihm Politik gemacht haben, waren noch vom Krieg geprägt. Versöhnung und Kooperation in Europa waren leitende Motive ihres politischen Denkens und Handelns. In Deutschland haben viele Vertreter dieser Generation die Wiedervereinigung als Gnade empfunden. Doch diese Generation stirbt aus. Wer wird sich in Zukunft noch für Versöhnung und Kooperation einsetzen? Es braucht Menschen und Initiativen, die sich dafür starkmachen, dass diese Friedensarbeit geleistet wird, und ganz besonders braucht es sie in Deutschland und Russland.

Deswegen habe ich nach dem Tod Michail Sergejewitschs sofort gesagt, dass wir versuchen müssen, eine Gedenkstätte einzurichten und deutsche Stiftungen zu gewinnen, die ein solches Unterfangen unterstützen. Hier wäre Raum für das Andenken an den großen europäischen Staatsmann, dem immer klar war, dass es für Russen, Deutsche und Europäer am Ende ein gemeinsames Haus geben muss.

Marina Cronauer
Dolmetscherin
Frankfurt

Tagelang zusammen unterwegs

Ich habe nie öffentlich über die Menschen gesprochen, für die ich gearbeitet habe. Das kann man als Dolmetscherin aber auch nicht, denn selbstverständlich gibt es eine Schweigepflicht. Man ist ja in verschiedensten Situationen dabei. Dass nichts davon nach draußen dringt, ist ein eisernes Gesetz. Das kann man einmal machen, dann ist Schluss: Das Vertrauen ist dahin.

Das Vertrauen, das Michail Gorbatschow mir über Jahrzehnte hinweg schenkte, werde ich auch jetzt, nach seinem Tod, nicht missbrauchen. Beitragen zu diesem Erinnerungsbuch möchte ich lediglich mit meinen eigenen subjektiven Erlebnissen und Eindrücken.

Ich stamme aus Moskau, bin Germanistin und promovierte Linguistin in der komparativen Sprachwissenschaft. Vor der Wende arbeitete ich in Prag in der Zentrale der Fernseh- und Rundfunkunion Intervision, des 1960 gegründeten Gegenprogramms zur Eurovision im Westen. Durch Zufall begann ich 1985 dort mit dem Dolmetschen, brachte es mir selbst bei und sammelte international reichlich Erfahrungen.

Im Sommer 1993 kam ich von Prag nach Deutschland, weil ich frisch geheiratet hatte. Jemand vom Rotary Club – ich glaube, es war der Club aus Darmstadt – rief an. Ein hochrangiger russischer Politiker solle einen Vortrag halten und der Dolmetscher sei plötzlich ausgefallen. Ob ich übernehmen könne.

Der Vortrag war am selben Tag, und um welchen Herrn es sich handelte, hatte man mir nicht gesagt. Später stellte sich heraus, dass ich für Anatoli Tschernjajew übersetzen sollte, Gorbatschows Berater für Außen- und Sicherheitspolitik.

Ein Top-Experte auf seinem Fachgebiet, war er auch ein exzellenter Redner: Er sprach frei, präsentierte Fakten, Hintergrundinformationen und Analysen über das Russland Anfang der 1990er (unter Boris Jelzin und nach dem Zerfall der Sowjetunion erheblich geschwächt). Gleichzeitig schuf er mit seinem Vortrag eine emotionale Spannung. Die Herrschaften hörten ihm gebannt zu und stellten nach dem zweistündigen Vortrag eine Menge interessierte Fragen – bis in die Nacht hinein.

Ich dolmetschte simultan. Auch ohne Technik. Ich stand einfach da neben dem Referenten, hörte seinem Russisch zu und sprach gleichzeitig Deutsch zu den Zuhörern. Es ist sehr anstrengend: Ohne Dolmetscherkabine und Kopfhörer ist man einem starken Geräuschpegel ungeschützt ausgesetzt. Doch es ist – davon bin ich nach über 35 Jahren Berufserfahrung fest überzeugt – die einzige

Methode, die emotionale Komponente des gesprochenen Wortes zu vermitteln. Bei offiziellen Anlässen ist es nicht erlaubt, wohl weil das Risiko, etwas misszuverstehen, viel höher ist. Da wird konsekutiv gedolmetscht, das heißt, der Dolmetscher wartet ab, bis der Redner eine Pause macht, und trägt erst dann seine Übersetzung am Stück vor.

Damals in Darmstadt war es eine spontane Entscheidung, sobald ich merkte, dass Tschernjajew frei spricht und die Gabe besitzt, die Zuhörer mitzunehmen. Konsekutives Dolmetschen mit minutenlangen Pausen und verzögerten Reaktionen des Publikums hätte diesen Effekt zunichtegemacht.

Auch später bei Gorbatschows Vorträgen hat sich diese Methode absolut bewährt, war er doch als Redner sehr lebhaft und authentisch, sprach seine Zuhörer häufig direkt an und hielt sich äußerst selten an seine Redevorlagen. Er merkte, dass das Simultandolmetschen, auch ohne Kabine, seine Worte, aber auch seine Gefühle und seinen Humor unmittelbar und direkt an seine Zuhörer transportiert und dass diese auch direkt und unmittelbar darauf reagieren, und erlaubte mir immer, beim Dolmetschen so zu verfahren, sofern die Situation es zuließ.

Einmal – G. hatte gerade einen Vortrag an einer Uni in NRW gehalten – kam ein Mann auf mich zu und sagte: „Ich hatte das Gefühl, Herrn Gorbatschow, seine Worte, sein Russisch direkt zu verstehen. Als seien Sie gar nicht da gewesen." Das war das schönste Kompliment, das man als Dolmetscherin bekommen kann.

Damals, in Darmstadt, kam es auch gut an. Ich bekam einen riesigen Blumenstrauß überreicht und 100 Mark. Es war mein erstes Geld, das ich in Deutschland verdient habe. Schwarz, wohlgemerkt. Denn ich lebte erst seit einem Monat in Deutschland und hatte noch keine Arbeitserlaubnis.

Bevor ich nach Hause gefahren wurde, kam Karen Karagesjan, Germanist, Journalist und Gorbatschows langjähriger Deutschlandberater, auf mich zu und stellte sich vor. Ich hatte keine Ahnung, dass da jemand aus Gorbatschows Team in der ersten Reihe saß, der beide Sprachen verstand und mich sehr genau beobachtet hatte. Ob ich mir vorstellen könne, sechs Wochen später für Gorbatschow, der nach Hessen kommen sollte, zu dolmetschen. Ich sagte: „Ja."

Im September kamen Michail und Raissa Gorbatschow nach Deutschland, ihre erste Station war Wiesbaden. Ich erinnere mich, wie überrascht ich war, zu erfahren, dass zu den Bodyguards der Gorbatschows zur Hälfte Frauen gehörten. Während ich auf die Ankunft der Wagenkolonne vor dem Hoteleingang wartete, erzählten sie mir, dass das von den Amerikanern übernommen worden sei. Da Frauen über eine besondere Beobachtungsgabe verfügten und auf die Gefahren anders reagierten, sei man zu gemischten Personenschützer-Teams übergegangen. Das habe sich bewährt.

Ich erinnere mich, wie ich dann ein paar Stunden später das erste Mal in einem gepanzerten Wagen saß und feststellte, dass ich die Tür nicht aufbekam. Ich wusste nicht, wieso und warum, und war furchtbar nervös. Die Zentralverriegelung war es nicht – die Tür war so schwer.

Dann war es so weit: Nachdem ich bei der Begrüßung der Gäste durch den Ministerpräsidenten Hessens (Hans Eichel) und den Oberbürgermeister von Wiesbaden gedolmetscht hatte, blieben die Gorbatschows noch kurz in der Hotellobby und bedankten sich bei mir. „Ich höre es an Ihrer Sprache, Sie kommen von Moskau", sagte Frau Gorbatschowa. „Stimmt", sagte ich. „Ich komme aus Moskau." Kaum hatte ich es ausgesprochen, wusste ich, was ich da angerichtet hatte. Am liebsten hätte ich mich auf der Stelle geohrfeigt. Doch es war zu spät, ich konnte meine Worte nicht mehr zurücknehmen. Ich hatte sie schlichtweg korrigiert, was sich selbstverständlich nicht gehört. Aber es war viel schlimmer als das sprichwörtliche Fettnäpfchen.

Denn die Sprache war – insbesondere in Gorbatschows ersten Jahren an der Spitze des Staates – sein Handicap und die Zielscheibe für die Häme, die ihm, einem Bauernsohn aus tiefster Provinz, die Moskauer Intelligenzija entgegenbrachte. Man mokierte sich – auch öffentlich – über falsche Betonungen, falsche Präpositionen und volkstümliche Redewendungen, die es hin und wieder gab. Für Moskauer Ohren eine Bauernsprache. Auffällig, zumal er – anders als seine Vorgänger – häufig frei sprach.

Meine gedankenlose Bemerkung traf die beiden also an ihrer ohnehin empfindlichen Stelle. Es war gemein, und ich fühlte mich schrecklich. Doch sie haben beide gelacht. „Ja, ja, natürlich aus", sagte Raissa. Und Michail Gorbatschow fügte hinzu: „Wenn ich etwas falsch sage, sagen Sie mir einfach Bescheid." Damit war das Thema erledigt.

Das war meine erste Begegnung mit dem Ehepaar Gorbatschow und der Anfang einer 29 Jahre währenden vertrauensvollen Zusammenarbeit, aus der langsam eine tiefe, innige Freundschaft erwuchs. Mein Mann und ich lernten die ganze Familie kennen, aber auch Gs. Gefährten und Mitarbeiter. Mit ihnen allen sind wir heute noch eng befreundet.

Aber es brauchte seine Zeit (mehrere Jahre), bis es so weit war. Zuerst musste ich Leistung erbringen und mich jedes Mal aufs Neue professionell bewähren. Dabei stand ich unter strengster Dauerbeobachtung durch Karen Karagesjan. Ein herausragender Deutschlandkenner, selbst ausgebildeter Dolmetscher, er wusste um die Gefahren und Risiken dieses Berufs bestens Bescheid und war für mich nicht nur ein anspruchsvoller Kritiker, sondern auch ein wohlwollender Ratgeber.

Ich wurde immer öfter von Moskau aus angefordert, begleitete die Gorbatschows auf ihren mehrtägigen Reisen durch Deutschland, verbrachte auch freie Stunden mit ihnen – bei gemeinsamen Mahlzeiten oder Spaziergängen. Irgendwann, Mitte der 1990er, als wir in Nordrhein-Westfalen unterwegs waren, haben mich Raissa und Michail Gorbatschow am Abend im Hotel im Zimmer angerufen und fragten, ob ich Lust hätte, zu ihnen aufs Zimmer zu kommen. Ich war schon im Bademantel und fast im Bett, doch sie sagten: „Macht nichts, wir auch." Also marschierte ich barfuß im Bademantel zu ihnen in die Suite und wir haben die halbe Nacht gesessen und geredet. Das war ein ganz besonderer Moment, eine besondere Stimmung – es fühlte sich nach Vertrauen und menschlicher Nähe an. Beide haben viel Persönliches erzählt und auch mich nach meinem Leben und meiner Familie gefragt. Die meiste Zeit jedoch habe ich eher zugehört. Von da an war unser Verhältnis ein anderes, fast familiär …

Danach gab es viele weitere offene Gespräche, meistens bei gemeinsamen Spaziergängen und Autofahrten. G. erzählte oft und gerne von seiner Kindheit im Heimatdorf Priwolnoje, von seinen Eltern und Großeltern, kam immer wieder auf das Thema zu sprechen, das ihn so entscheidend und nachhaltig geprägt hat: den Krieg. Er war ein Kriegskind. Und hiermit das, was ihn Jahrzehnte später trotz aller Unterschiede mit Kohl und Genscher zusammengeführt hat.

Wie oft waren wir in all diesen Jahren tagelang zusammen unterwegs! Doch trotz Stress, außerordentlicher Belastung und gesundheitlicher Probleme hat er mich nie in meinen persönlichen und menschlichen Erwartungen enttäuscht. Auch wenn er verärgert oder unzufrieden war, er wurde nie ungerecht, ausfallend oder gar beleidigend. Er war immer freundlich zu allen, die für ihn gearbeitet haben, ob sie jetzt Fahrer oder Bodyguards waren oder im Hotel die Zimmermädchen. Und das war nicht gespielt. Egal, wie eilig es war: Er hat sich immer Zeit genommen für ein paar freundliche Worte und ein gemeinsames Foto.

Es gab so viele Ereignisse und Erlebnisse in diesen fast drei Jahrzehnten. Ich durfte Menschen kennenlernen, die man normalerweise nur aus den (deutschen wie internationalen) Medien kennt. Viele Begegnungen bleiben in Erinnerung. Manche, weil ich überrascht war, wie farblos, um nicht zu sagen langweilig, der eine oder der andere „Star" in der Wirklichkeit war. Viele jedoch, weil sie wirklich etwas ganz Besonderes waren.

Unvergesslich bleibt Gorbatschows Begegnung mit Richard von Weizsäcker. Ich weiß noch, wie ungemein schwer es mir fiel, dessen Erzählung über seinen ersten Kriegseinsatz und über den Tod seines damals 19-jährigen Bruders zu übersetzen. Auch G. war zutiefst ergriffen.

Ich erinnere mich an Begegnungen mit Angela Merkel. G. mochte sie als Mensch, ihre warmherzige und unprätentiöse Art, Schlagfertigkeit und Witz. Er freute sich über ihre Erfolge und war insgeheim sogar richtig stolz darauf, dass sie, eine Frau aus dem Osten, es so weit gebracht hatte. Nicht etwa von oben herab. Nein, er freute sich für sie, wie man sich für Menschen freut, denen man es aufrichtig gönnt.

Ich erinnere mich an den plötzlichen Anruf Ende der 1990er: Die Gorbatschows seien auf dem Rückflug aus den USA gerade in Frankfurt zwischengelandet und würden uns beide gerne sehen. Als wir uns am nächsten Morgen im Hotel trafen, waren die beiden bestens gelaunt. Bevor sie uns von ihrer Amerika-Reise erzählten, berichteten sie schelmisch grinsend davon, wie sie das vornehme Hotel gerade in Verlegenheit gebracht hatten: Statt Kaviar und anderer Delikatessen bestellte Gorbi zum Frühstück einfach nur „deutsche Würstchen mit Senf". So etwas hatte der noble Frankfurter Hof jedoch nicht vorrätig und musste schnellstens jemanden zum Metzger schicken, um seine Reputation zu retten.

Ich erinnere mich an eine der letzten Begegnungen mit Helmut Kohl im November 2014 in Berlin, bei den Feierlichkeiten zum 25. Jahrestag des Mauerfalls. George Bush und seine Frau Barbara waren auch dabei. Das war übrigens Gs. letzter Besuch in Deutschland. Kohl saß im Rollstuhl, von seiner Krankheit schwer gezeichnet. Abends bei einem Empfang griff Kohl nach seinem Glas mit Rotwein. Doch seine Hand zitterte so stark, dass er es nicht schaffte. Gorbatschow, der neben ihm am Tisch saß und es mitbekommen hatte, legte sofort seine Hand auf die von Kohl und hielt das Glas fest. „Es tut weh zuzusehen, wie krank er ist", flüsterte er mir zu.

Das war typisch G. Vergessen war die tiefe Kränkung, als Kohl ihn anfangs mit Goebbels verglichen hat. Vergessen war der 3. Oktober 1997, als G. zum Staatsakt zum Tag der Deutschen Einheit in Stuttgart nicht eingeladen wurde – im Gegensatz zu Bush. Ich war mit ihm an diesem Tag auf dem Weg nach Leipzig und habe miterlebt, wie schwer es ihn traf. Später gingen sie vertrauens- und respektvoll miteinander um.

Ich erinnere mich an Gorbatschows 75. Geburtstag in Moskau. Da hatte er seine Schulfreunde aus dem Dorf eingeladen. Sie saßen an einem extra großen, runden Tisch und waren dabei – neben Kohl, Genscher und anderen Prominenten. Mein Mann und ich hatten ein besonderes Geburtstagsgeschenk mitgebracht: Einer der besten russischen Chöre sollte für das Geburtstagskind und dessen Gäste a cappella singen. Als Kind und Jugendliche habe ich selbst da gesungen. Und ich wusste, wie gern und gut auch G. sang – russische und ukrainische Volkslieder, sowjetische Schlager … Einmal hat er bei einer Veranstaltung mitbekommen, dass man mir ein russisches Liederbuch schenkte. „Zeig mal", sagte er. „Interessant, das habe ich noch nicht." Und steckte es kurzerhand ein. Jetzt, bei der Geburtstagsfeier, wurde ich völlig unerwartet aufgefordert, unser Geschenk, den Chor, anzukündigen. Da erzählte ich von unserer gemeinsamen Leidenschaft fürs Singen, aber auch davon, dass Liederbücher vor diesem Mann nicht sicher seien. Der Chorauftritt war ein großer Erfolg: Gorbatschow und seine Gäste waren begeistert, er und viele andere sangen mit. Zehn Jahre später, an seinem 85. Geburtstag, sang er, begleitet von einem bekannten russischen Musiker an der Gitarre, für seine verstorbene Raissa. Wir sowie andere Gäste standen um die beiden herum und hörten gebannt und ungläubig dieser Liebeserklärung zu.

G. und seine Frau – das ist ein Thema für sich … Eine so innige Liebe und gegenseitige bedingungslose Ergebenheit – so etwas habe ich sonst nie gesehen …

Wie ich unser Verhältnis bezeichnen würde? Väterlich, antworte ich sofort, ohne zu zögern, weit über das Berufliche hinaus, und dafür bin ich ihm unendlich dankbar. Er schenkte mir und meinem Mann sein Vertrauen und seine Zuneigung. Wir haben ihn verehrt und zu ihm aufgesehen. Auch unser Leben hatte sich durch ihn, durch seine Politik, von Grund auf verändert. „Michail Sergejewitsch, ohne Sie hätte es unsere Ost-West-Familie nie gegeben", sagte mein Mann, als ich ihn Mitte der 1990er Jahre den Gs. vorstellte.

Er war für uns jedoch nicht nur der große und weltberühmte Staatsmann. Wir hatten das Glück, hinter dieser historischen Gestalt den Menschen kennenzulernen – tolerant, integer, durch und durch menschlich. Der Respekt vor Menschen und menschlicher Würde, der Glaube an das Gute im Menschen, der Mut und die Fähigkeit, die Menschlichkeit unter allen Umständen selbst zu bewahren, auch in der Politik, all das war echt. „Naiv", wurde ihm häufig von Zynikern vorgeworfen.

Mein letztes Treffen mit G. fand im Spätherbst 2016 in Moskau statt: Ich begleitete den bekannten Publizisten und Buchautor Franz Alt bei seinem mehrstündigen Gespräch mit G. Dieses große Interview erschien dann 2017 als Buch unter dem bemerkenswerten Titel „Kommt endlich zur Vernunft! Nie wieder Krieg!" und wurde in mehrere Sprachen übersetzt.

Er war gesundheitlich schwer angeschlagen und konnte nicht mehr reisen. Während der Corona-Pandemie lebte er praktisch im Krankenhaus. Völlig abgeschottet – nachvollziehbar angesichts seines Alters und schwerer Zuckerkrankheit. Silvester 2021/2022 telefonierten wir. G. fragte nach meiner Mutter, nach meinem Mann, nach den Kindern – er war voll da. Ich wusste nicht, dass es das letzte Mal war.

An seinem Geburtstag am 2. März ging er dann nicht mehr an sein Handy. Er war wieder im Krankenhaus, und seine Mitarbeiter in der Stiftung luden mich zu einer Zoom-Konferenz ein, die sie Tage zuvor mit ihm in Absprache mit den Ärzten verabredet hatten. Doch dazu kam es nicht: Ihm ging es nicht gut. Seitdem gab es keinen direkten Kontakt mehr.

Ignaz Lozo
ZDF-Korrespondent/Biograf
Wiesbaden

Was der alles ertragen hat

Im September 1992 habe ich Michail Gorbatschow das erste Mal getroffen. Er war damals bereits ein paar Monate aus dem Amt: Sein großer Widersacher Boris Jelzin hatte ihn da ja rausgedrängt, und die Sowjetunion war aufgelöst worden. Gorbatschow gab damals eine internationale Pressekonferenz und ich bin dahin als junger Journalist für das ZDF und habe ihn gefragt, was er von Jelzins Reformen hielt.

Für Sie zum Hintergrund: Ein paar Tage später bekamen alle Bürger vom Säugling bis zum Greis diese sogenannten Anteilsscheine, die Voucher. Damit begann die Privatisierung und die Ausplünderung des Landes und der Missbrauch durch die Oligarchen, die die Scheine peu à peu aufkauften, denn die Bürger, und vor allem die älteren Menschen, wussten gar nicht, was das ist.

Gorbatschow sagte einen Satz: „Ich halte das für Betrug", und schwieg. Dann: große Pause. Die Journalisten guckten sich an. Dann machte er doch noch einige Erläuterungen, bis die nächste Frage von einem anderen Kollegen kam.

Wie recht damals Gorbatschow hatte mit diesem Satz! Was hatte das zur Folge? Unglaublich! Im Januar 1992 hatte er seine Stiftung gegründet und ein paar Tage nach der Pressekonferenz wurde die versiegelt. Er kam nicht mehr rein in das Gebäude. Dazu hatte Jelzin ihm, das ging dann auch durch die Presse, verboten, das Land zu verlassen, weil er als Zeuge auftreten sollte bei irgendeinem Prozess.

Am 8. Oktober 1992 war Willy Brandt gestorben und es gab einen Aufschrei: Jelzin wurde diplomatisch von allen Seiten angegriffen, dass Gorbi doch bitte ausreisen und zum Begräbnis kommen dürfe. Ich habe damals die Stimmung dieser Feindschaft wirklich spüren können. Und Gorbatschow? Der hat nie unter die Gürtellinie gehauen und das bewundere ich auch an ihm. Im Gegensatz zu dem rachsüchtigen Jelzin, über den ich nicht viel Gutes sagen kann.

Bei unserem ersten Treffen bei der Pressekonferenz hatte ich den Eindruck, dass er sehr damit haderte, politisch aus dem Spiel zu sein und dass seine ganzen Reformen, so wie er sie geplant hatte, dass die vor allem durch Jelzin und andere ins Gegenteil verkehrt wurden. Er war leider – das spürte man damals schon und kann das heute auch nur aus der sicheren Distanz von jetzt 30 Jahren sagen – er war sich nicht wirklich darüber im Klaren, dass er kein politisches Comeback mehr schaffen würde. 1996 ist er dann trotzdem gegen den Rat seiner Ehefrau noch mal angetreten. Das war im Übrigen ein weiterer Beleg dafür, dass er nicht unter dem Pantoffel seiner

Frau stand, was die Russen ja bis heute fabulieren. Er hatte seine eigene Entscheidung getroffen und natürlich hatte er das mit ihr alles besprochen.

Mein Eindruck damals war, dass er schon auch gekränkt war und so ein bisschen, ja einen Mangel an Dankbarkeit empfand, auch gegenüber den eigenen Leuten. Ein tragischer Held, so habe ich ihn mal genannt.

Ich habe jetzt mal nachgezählt: Insgesamt habe ich ihn zwölfmal getroffen. Davon waren zwei Treffen sehr eng, also ohne Dolmetscher. In den Anfangsjahren hat er mich als Journalist empfangen. Das war dienstlich, journalistisch mit Kamerateam, und alles war abgesprochen. Wir haben uns einmal zum Frühstück getroffen. Da war auch seine Ehefrau Raissa dabei.

Später begegnete ich ihm als Wissenschaftler und als sein Biograf. Da hat er sich, glaube ich, gefreut, dass jetzt die Deutschen die erste Biografie über ihn schreiben. Es ist zwar einiges publiziert worden, aber durch seine Stiftungsmitarbeiter, die auch wissenschaftlich arbeiten, wusste er schon, dass das jetzt die erste umfassende Biografie war. Wir sollten uns dafür noch mal im Jahr 2020 treffen. Ich war zu der Zeit in Moskau, es war der Beginn von Corona. Ich war angekündigt in der Stiftung und musste dann zurückfahren, weil die Russen im Hotel sagten: „Sie sind jetzt hier in Quarantäne", obwohl ich nicht krank war.

Bei den Treffen habe ich ihn als jovial erlebt. Und ja, der hatte irgendwie auch immer gute Laune. 2015 zum Beispiel habe ich ein zweistündiges Interview mit Kamera gemacht anlässlich seines 85-jährigen Geburtstages für die Sendung „ZDF-History". Die Stiftungschefin hatte mir gesagt, dass wir ihn bloß nicht mit dem Gehstock filmen sollten. Das war die Zeit, wo er anfing, einen Gehstock zu benutzen.

Wir waren also alle im Raum, alles war präpariert und auf einmal wurde ein paarmal richtig laut geklopft. Er hatte selbst mit dem Gehstock gegen die Tür gedonnert und sich angekündigt und guckte dann – wie soll man sagen? – wie bei Oli und Hardy. Das war schon zum Piepen und machte sofort eine schöne Interviewstimmung. Andererseits konnte er im Gespräch auch widersprechen, wenn ich die Positionen seiner Gegner oder wenn wir Dinge angesprochen haben, die er anders sah: Da wurde er sehr, sehr lebhaft.

Eine Szene ist mir bis heute sehr gut in Erinnerung geblieben: Im Zuge der weltweiten Veröffentlichung seiner Memoiren besuchte er das ZDF, das war 1994. Der damalige und von mir hochgeschätzte Intendant Dieter Stolte empfing ihn und seine Frau. Ich durfte im Büro des Intendanten als Dolmetscher und als Interviewer mit meinem Kamerateam dabei sein. Intendant Stolte sprach dann über das ZDF und hat ihm auch einen Flyer in die Hand gedrückt. Auf jeden Fall blätterte Gorbatschow in der Informationsbroschüre über den Sender und ich war aufgeregt, dass ich Sachen wie diese Gremien und den Verwaltungsrat, dass ich das alles richtig übersetzte. Im Grunde genommen hatte das Gorbatschow überhaupt nicht interessiert. Und dann sagte er höflich, aber vage: „Das ist höchst interessant." Und wandte sich dann mir zu und leitete damit über zu meinem Interview, bei dem es um die russische Innenpolitik gehen sollte. Im Gespräch offenbarte sich, wie sehr Gorbatschow als Politiker brannte, da er jetzt aufblühte und mit Leidenschaft sprach.

Viele Kollegen fragten mich hinterher, wie es gewesen sei, und ich berichtete unter anderem von Gorbatschows Ausspruch „Das ist höchst interessant", was dann zu einem augenzwinkernden und ironischen Synonym in Konferenzen und im Redaktionsalltag wurde, das Thema zu wechseln.

Die letzte Auslandsreise Gorbatschows, die führte ihn 2014 nach Berlin für 25 Jahre Mauerfall. Danach hat er sein Land nie wieder verlassen. Er war damals schon gesundheitlich angeschlagen. Sehr viele Menschen waren zum Brandenburger Tor gekommen und er wurde noch mal richtig mit „Gorbi! Gorbi!" gefeiert. Es war irre.

Er hat damals nur zwei Medieninterviews gegeben: Das war einmal CNN und dann mir für das ZDF. Dass ich dieses Interview am Brandenburger Tor führen durfte, das hat mich sehr erfüllt. Ich hab mir damals gedacht: Ey Leute, ich frage den jetzt nicht zum 100.000sten Mal nach dem Mauerfall. Auf jeden Fall habe ich ihn dann zur NATO-Osterweiterung befragt und er sagte diesen Satz, dass in der Wendezeit zur deutschen Einheit niemals irgendwas versprochen worden und er somit auch nicht betrogen worden sei. Und „dass die Presse, die liebe Presse" – und er sagte das ironisch, wie es seine Art war –, die habe da ein wenig nachgeholfen. Er sei nicht betrogen worden und alles sei korrekt abgelaufen. Ich meine, das war ja auch eine goldene Politikergeneration: Gorbatschow, Bush, Mitterrand, Thatcher, Kohl – egal, wie man zu Kohl steht und was er hinterher für einen Scheiß gebaut hat mit dem Ehrenwort und den Spendern für die Parteikasse. Aber dass die sich gut einigen konnten mit dem 2+4-Vertrag und dass das hinterher so beschmutzt wurde und dass die sich eben nicht gegenseitig über den Tisch gezogen haben – das hat er im Interview noch mal klargestellt.

Ich mochte an ihm erst mal, dass er sehr mutig war. Und dass er jenen, die sich nach seinem Rücktritt sicher fühlten und die anfingen, ihn schlechtzureden und Jauchekübel über ihm auszuschütten, dass er es denen nicht mit gleicher Münze heimzahlte. Eine Szene, die fand ich sehr schön: Da wurde er von einem Russen öffentlich beschimpft und Gorbatschow hat dann den Spieß umgedreht und gesagt: „Moment mal. Wer hat Ihnen denn das Recht gegeben, dass

Sie jetzt überhaupt schimpfen dürfen?" Er wollte damit klarmachen, dass der Schimpfende ein paar Jahre vorher unter Breschnew oder seinen Vorgängern im Gefängnis oder im Gulag gelandet wäre.

Es ist bis heute so, dass viele Menschen gar nicht mehr erinnern, dass Gorbatschow ihnen damals die Redefreiheit gegeben hat. Auch jetzt, aktuell in Deutschland, sind viele Russlanddeutsche, mit denen ich mich unterhalte, durch die Bank weg gegen Gorbatschow. Wenn ich das höre, sage ich schon fast Gorbatschow-mäßig: „Ja. Sie schimpfen jetzt. Aber die Tatsache, dass Sie überhaupt in Deutschland sind, wem haben Sie das zu verdanken? Das war Gorbatschow, der hat das überhaupt erst erlaubt." Die Sowjetdeutschen, wie das damals hieß, die hatten kein Recht auszureisen.

Und ja, das hat es auch gegeben, dass ich etwas an ihm nicht mochte. Damit bin ich, glaube ich, nicht allein: Gorbatschow, der konnte nie klar Ja oder klar Nein sagen. Der musste immer – ich will nicht sagen: drum herumreden – der musste das Ganze schön verpacken. Ein Beispiel: Im Zuge der Recherchen meiner Biografie über ihn bin ich auch in sein Heimatdorf Priwolnoje gefahren. Dort traf ich eine ehemalige Klassenkameradin von ihm aus der Grundschule, auch Jahrgang 1931 und eine Woche älter als er. Mit der habe ich mich unterhalten. Plötzlich stellte sich heraus, dass Gorbatschow ein Jahr später die Schule abgeschlossen hatte als sie. Da dachte ich: Das kann doch gar nicht sein. Dass er sitzen geblieben ist, war höchst unwahrscheinlich. Dann sagte mir die betagte Dame: „Nein, nein, nein, Junge. Ich sag Ihnen jetzt mal, wie das war", und erzählte mir, dass 1942 während der deutschen Besatzung des Dorfes der Schulbetrieb eingestellt war. Als die Deutschen dann abziehen mussten, als 400 Kilometer weiter, das ist für russische Verhältnisse ein Katzensprung, Stalingrad untergegangen war, begann wieder die Schule. Das war 1943.

Diese Klassenkameradin von Gorbatschow, die zufälligerweise auch Raissa hieß, die ging wieder in die Schule und Gorbatschow hat, das hat sie mir erzählt, angefangen, mit einem Pferd von der Kolchose in der Kreisstadt und in den Dörfern die Post zu verteilen. Dafür hatte er ein paar Rubel bekommen. Er war 12, 13 Jahre vielleicht und ging nicht in die Schule.

Gorbatschows Mutter war Analphabetin und der Vater war im Krieg. Die Mutter hat da offenbar keinen Druck gemacht, weil er lesen und schreiben konnte, was sie nicht beherrschte. Sie hat vermutlich gedacht, das reicht. Der Großvater, der hat sich dann eingeschaltet und seinem Enkel gesagt: „Junge, du musst jetzt wieder in die Schule." So hatte er aber ein Jahr verpasst, weil er Postbote war.

Nun darf man so was ja nicht einfach in die Biografie schreiben, sondern muss sehr, sehr gewissenhaft prüfen. Ich bin dann zurückgeflogen nach Moskau und hatte ein Interview mit Gorbatschow, ein Vier-Augen-Gespräch. Da habe ich ganz vorsichtig gefragt: „Michail Sergejewitsch, ich komme gerade aus Priwolnoje und mir ist da zu Ohren gekommen, dass Sie ein Jahr von der Schule sozusagen ausgesetzt haben." Das Wort Schulschwänzer wollte ich nicht sagen und hab ich auch nicht. Aber das war so. Und dann habe ich auch meine Quellen genannt.

Gorbatschow in seiner typischen Art sagte dann: „Schreib ruhig" – er hat mich einfach ungefragt geduzt, etwas, was ich mich nie wegen der sowjetischen Hierarchiementalität getraut habe – „schreib ruhig, was du da alles in Priwolnoje gehört hast." Damit war klar, dass das stimmte.

Ich habe mich dann noch mal abgesichert bei der Stiftungschefin, nachdem das Gespräch zu Ende war. Sie wusste das auch nicht, dass er ein Jahr mit der Schule ausgesetzt hatte. Auch in seiner 1000-Seiten-Autobiografie hat er es nicht erwähnt. Deswegen: Man muss immer sehr skeptisch sein, wenn Leute über sich selbst schreiben. Auf jeden Fall ist das gut beweisbar, weil er die Schule 1950 abgeschlossen hat und die Raissa Kopejkina, die mit ihm die gleiche Bank gedrückt hat, die war schon 1949 fertig.

Aber zurück zu dem, was ich nicht an ihm mochte. Er hat immer alles so abgewogen und sich vorsichtig und umständlich ausgedrückt. Ein Kollege von der dpa, der mal ein Feature über ihn gemacht hat, betitelte das mit: Meister des Abschweifens. Gorbatschow konnte manchmal vom Hölzchen aufs Stöckchen kommen. Wenn man dann versuchte, das Gespräch wieder zu kanalisieren, und die Fragen, die man beantwortet haben wollte, gestellt hat, das hat den manchmal gar nicht interessiert. Der hat einfach das erzählt, was er wollte. Ich meine, der Mann stand natürlich auch unter dem Druck der konservativen Systembewahrer. Da waren die Machtverhältnisse vermutlich auch nicht eindeutig und er versuchte das häufig auch mit Kompromissen, wobei es manchmal auch keine Kompromisse gibt.

Grigori Jawlinski hat das mal sehr gut gesagt: „Es gibt nicht ein bisschen schwanger. Entweder es gibt die Marktwirtschaft oder es gibt sie nicht. Gelenkte oder regulierte Marktwirtschaft funktioniert nicht." Gorbatschow hat da nie richtig Farbe bekannt. Aber alles in allem: Wenn er die Radikaltour gemacht hätte, hätte ihn das vermutlich noch viel früher den Kopf gekostet. Das hätten die Systembewahrer nicht mitgemacht.

Wenn ich heute zurückschaue, bin ich stolz darauf, dass ich mich für Gorbatschow interessiert habe, bevor er Ende der 1980er Jahre in aller Munde war. Ich habe 1987 meine Diplomarbeit über Glasnost geschrieben, wo alle noch gedacht hatten: Das ist ein Hütchenspieler und alles sowjetische Propaganda. Insofern hatte er einen sehr großen Einfluss auf mein Leben.

Ich habe diese Reformen von Anfang an als so was von faszinierend und spannend empfunden, auch dieses Zwischen-den-Zeilen-Lesen, dass mich das gepackt hat. Man kann ja gar nicht sagen, warum das so ist. Manchmal weiß man auch nicht, warum man sich für einen Menschen entscheidet. Das führte dann dazu, dass meine berufliche Ausrichtung davon beeinflusst wurde und ich nach Russland gegangen bin.

Wir hatten auch eine gemeinsame Sprache. Ich glaube sogar sagen zu können, dass da auch eine Art Sympathie war, obwohl ich als Journalist und Historiker die kritische Distanz wahrte. Was mich dennoch berührt hat, war seine Standfestigkeit, was Angriffe von außen anging. Was der alles ertragen hat! Und dann diese völlige Schieflage zwischen dem, was er den Menschen gegeben und was er zurückbekommen hat! Das ist absolut tragisch.

Ja, den Gorbatschow habe ich schon gemocht. Er hat auch Schwächen gehabt, die habe ich in meinem Buch beschrieben. Das war ein gutherziger Mensch, das ist so meine Einschätzung. Der wollte das Gute. Und der meinte das auch so: „Ich möchte, dass jetzt endlich" – er hat immer vom Sowjetvolk gesprochen –, „dass die teilhaben an den politischen Entscheidungen. Dass die mitmischen und dass die nicht alles vorgesetzt bekommen wie in den alten Sowjetzeiten." Dafür hat er freiwillig Macht abgegeben. Früher war der Generalsekretär praktisch der Zar. Er hat die Macht an die Parlamente, an den Volkskongress und den obersten Sowjet, wie das damals hieß, abgetreten. Ich meine, wer macht das schon?

Ich trage noch immer in mir, dass unser letztes Treffen 2020, von dem ich vorhin sprach, nicht stattfinden konnte, obwohl er bereit und auch schon in der Stiftung war. Ich weiß aber, dass er sich mein Buch auf Deutsch vom Fahrer hat bringen lassen. Er hat sich das angeguckt und ausrichten lassen, dass ihm das Coverfoto und die ganze Aufmachung sehr gefallen würde. Das habe ich noch mitgenommen. Danach war er praktisch nur noch im Krankenhaus.

Ich werde es nie vergessen, wie es war, als Gorbatschow starb. Ich leide offenbar auch an so einer Krankheit, dass ich mein Smartphone immer dabeihabe. Es war schon später Abend und dann gehe ich auf „Spiegel online" und lese nur diese drei Wörter: Gorbatschow ist tot. Ich war erst mal – ja –, ich war erst mal angefasst. Dann häuften sich die Meldungen, ich bin ins Internet gegangen und habe russische Quellen recherchiert, und es stimmte.

Mitten in der Nacht habe ich schon die ersten SMS-Anfragen für Interviews bekommen, obwohl ich den Leuten gar nicht meine Handynummer gegeben hatte. Am 31. August habe ich bestimmt zwölf Radiointerviews gegeben. Ich dachte, jetzt sagst du wenigstens das Richtige: „Dass Europa, dass die Welt diesem Mann einfach dankbar sein muss, weil er die Welt verändert hat." Natürlich ist innenpolitisch von dem, was Gorbatschow gemacht hat, heute nicht viel übriggeblieben. Aber, und ich rede jetzt nicht nur von den Deutschen und der Wiedervereinigung, es ist doch nicht so, dass seine Erfolge und Reformen, dass das alles für die Katz gewesen ist. Nein, das ist nicht so!

Es haben allein 164 Millionen Menschen in Europa ihre Freiheit zurückbekommen. Was die dann später daraus gemacht haben, das kann man jetzt wirklich nicht Gorbatschow ankreiden. Oder die Entspannung. Dass wir hier jetzt keine Mittelstreckenraketen mehr haben, das ist sein Verdienst. Selbst sein anfänglicher ideologischer Gegner, George Bush senior, der hat, als Gorbatschow den Friedensnobelpreis 1990 bekam, öffentlich gratuliert und gesagt: „Er hat ihn verdient." Und nicht: Die hätten da gemeinsam den Kalten Krieg beendet. Ohne Gorbatschow wäre das nicht möglich gewesen, weil er der Initiator war. Ich bin fest davon überzeugt, und da bin ich auch nicht allein, dass eines Tages – auch wenn das jetzt durch die aktuelle Lage und den Krieg noch mal zurückgeworfen wurde –, dass auch die Menschen in Russland überwiegend seine Leistungen würdigen werden und er den verdienten Platz in der russischen Geschichte bekommt.

Zur Beerdigung nach Moskau zu fahren war für mich nicht möglich, weil ich mich öffentlich sehr kritisch gegenüber dem Regime Putin geäußert hatte. Unabhängig davon hätte ich auch kein Visum bekommen, das hätten die mir nicht gegeben. Aber ich hätte es auch nicht riskiert. Ich hätte mehr Mut aufbringen müssen, nach Moskau zu fahren, als damals als junger Kriegsreporter nach Bosnien, wo ich im bombardierten Sarajevo eingeschlossen war und gearbeitet habe.

Die Ironie der Geschichte, die ist ja auch die: Der Jelzin ist einen Monat älter als Gorbatschow gewesen. Beide sind im gleichen Krankenhaus gestorben und liegen gar nicht so weit voneinander auf dem Friedhof begraben.

Wissen Sie, mir fällt noch etwas ein: Ich mochte seinen Humor. Er hatte gute Sprüche drauf, die sich auch für Situationen im Alltag eignen oder wenn man im Privaten nicht mehr weiterweiß. Er hat ja mal Werbung für Pizza gemacht und dafür rund eine Million Dollar bekommen, mit der er die Mitarbeiter seiner Stiftung bezahlt hat. Und da hat dann ein Journalist gefragt, ob es denn okay sei, dass ein so großer Staatsmann wie er Werbung für Pizza macht. Da sagte er dann: „Das Leben ist halt so, wie es ist." Wenn also jemand Sie in nächster Zeit kritisiert oder fragt, warum Sie das gemacht haben, dann sagen Sie einfach: „Das Leben ist halt so, wie es ist."

Klaus Mangold
Weggefährte
Stuttgart

Gegen alle Widerstände

Wann ich Gorbatschow das erste Mal getroffen habe, kann ich Ihnen ganz genau sagen: Das war am 14. Juni 1989 in Stuttgart. Gorbatschow machte damals einen Staatsbesuch in Deutschland. Er war zunächst in Bonn und dort hatte ihn Lothar Späth eingeladen nach Stuttgart, was protokollarisch außergewöhnlich war.

Dem war vorausgegangen, dass Lothar Späth zwei- oder dreimal mit baden-württembergischen Unternehmern in Moskau gewesen war. Er erkannte sehr früh die Chance, mit Russland etwas zu machen, und hatte für gute Beziehungen zwischen Moskau und Deutschland und Baden-Württemberg geworben. Bei einem dieser

Besuche bin ich dabei gewesen und ich habe verfolgt, wie Späth sich in einer Mischung aus Gefühl und sehr Kopf enorm engagierte für den Beginn guter russischer Beziehungen. Ich war damals Chef der Rhodia AG in Freiburg mit etwa 4000 Mitarbeitern. Die Firma war eine Tochtergesellschaft der ehemaligen französischen Rhône-Poulenc-Gruppe und hatte bereits Ende der 1970er, Anfang der 1980er Jahre in Russland eine Fabrik gebaut und betrieben.

Am 14. Juni 1989 kam Gorbatschow also nach Stuttgart. Es ist für mich unvergesslich, wie der Generalsekretär der KPdSU hier von Zigtausenden von Menschen begrüßt wurde. Er hatte frühzeitig das Auto verlassen und ein „Bad in der Menge" genommen. Er war verbindlich, er war kommunikativ, er war jemand, ich sag mal, der versucht hat, ganz offen auf Menschen zuzugehen. Und Sie können sich das nicht vorstellen: Die Leute haben zu Tausenden „Gorbi, Gorbi" gerufen und alles getan, um ihm das Gefühl zu geben, sehr willkommen zu sein. Und er hat es genossen. Es hat dann eine Situation gegeben, dass vor dem Neuen Schloss Stuttgart, einem der historischen Wahrzeichen der Stadt, dass dort – von Lothar Späths Leuten großartig inszeniert – Trachtenkapellen und Garden auftraten.

Im Schloss, heute Sitz unter anderem des Finanz- und Wirtschaftsministeriums, gab es eine Begegnung zwischen der baden-württembergischen Wirtschaft und Michail Gorbatschow. Man wusste, worum es ging: Es hatte im Vorfeld eine deutsche Delegation mit allen großen baden-württembergischen Unternehmen gegeben, die in Russland gewesen waren, ich erzählte das bereits, und an deren Besuch, da wollte er anknüpfen. Es war ihm daran gelegen, im Dialog mit der Wirtschaft für Investitionen in Russland und für einen Neubeginn der deutsch-russischen Beziehungen zu werben. Einige große, aber auch mittelständische Firmen waren damals schon in Russland aktiv: Mercedes-Benz, Salamander, Maschinenbauer.

Dabei trat er sehr selbstbewusst, sehr verbindlich und unglaublich charmant auf, und ich habe ihn als entschlossen im Hinblick auf eine Neuorientierung der russischen Wirtschaft erlebt: Er war der Meinung, dass Russland die deutsche Wirtschaft brauche, um sich neu aufzustellen. Das war für ihn ein Teil von Perestroika, also Umbau und Modernisierung, und er wollte diese Veränderung mit der deutschen und baden-württembergischen Industrie.

Für diesen sich abzeichnenden Umbruch in den deutsch-russischen Beziehungen hatten auch die Leute, die damals auf diese frenetische Art „Gorbi, Gorbi" riefen, ein, ich sag mal, Gespür. Später, im kleinen Kreis, gab es ein Gespräch mit Gorbatschow und ich muss sagen: Das stimmte. Er war ein Symbol für Veränderung.

Ich habe ihn dann mehrfach in Russland erlebt. Allerdings war er, nachdem Jelzin an die Macht gekommen war, etwas in Ungnade gefallen und es wurde immer schwerer, mit ihm in Kontakt zu kommen. 1991, 1992 ist das gewesen und diese Jahre waren für ihn sicherlich eine schwierige Zeit: Er war nicht mehr der große Volksheld in Russland, sondern war von Jelzin an die Wand gespielt worden.

Von mir aus habe ich dann den Kontakt zu ihm gesucht und wenn wir uns trafen, habe ich ihn in diesen Jahren etwas verbittert erlebt. Durch diese Entwicklung hatte er an Offenheit, an Fröhlichkeit und an Lebensfreude, das hat man gemerkt, etwas verloren. Er tat sich schwer und war mehr der Nachdenkliche, der Besonnene, und gekennzeichnet von Enttäuschung, sowohl innerrussisch als auch außerhalb. Er bekam mit, was in Georgien damals war und in Aserbaidschan und in Armenien. Und das hat ihn, glaube ich, auch teilweise etwas zweifeln lassen an der Geschwindigkeit, mit der er den Veränderungsprozess Glasnost und Perestroika vorgenommen hatte. Die eigentliche Tragik liegt darin, dass er gesehen hat, dass das, was er begonnen hat, letztlich unvollendet geblieben war. Ich denke, dass das etwas war, was ihn immer beschäftigt hat.

Ich habe insgesamt viele, viele Stunden mit ihm, auch persönlich, verbracht, teilweise wenn er einen Staatsbesuch machte oder auch später als Co-Vorsitzender in der ersten Phase des Petersburger Dialogs zusammen mit Peter Bönisch. Dabei gab es Phasen in Gesprächen: Man konnte unheimlich lustig mit ihm sein und da war er zupackend, energisch, dynamisch und dann gab es Situationen, wo er etwas resignativ war.

Wenn er nach Deutschland kam, war ja immer die Frage: Mit was machen wir ihm eine Freude? Ich erinnere mich, dass er immer mit dem Maybach fahren wollte. Ich war damals noch im Vorstand von Mercedes-Benz und habe, was ich sonst nie getan habe, bei solchen Gelegenheiten einen Maybach mitgenommen. Den fand er ganz toll und hat sich gefreut wie ein Kind. Er hat sich wohlgefühlt und sagte: „Das ist doch ein Auto! Wenn ich das mit unseren SIL-Limousinen vergleiche, dann sind die ein Rückschritt. Da sieht man doch, wie sehr wir Technologie brauchen." Da ich einen Ursprung im Schwarzwald habe, habe ich ihm meistens auch einen großen Schwarzwälder Schinken und ein Kirschwasser mitgebracht. Nein, er konnte sich auch über kleine Dinge enorm freuen.

Seine menschliche Wärme, die habe ich an ihm gemocht, seine charismatische Ausstrahlung, die er in Deutschland und weniger in Russland zeigte – das war differenziert. Seine, ich sage mal, große Sicht der Dinge. Und was ich auch sehr geschätzt habe an ihm, war die Analyse dessen, was er getan hatte.

Nach der Wiedervereinigung und auch in den Jahren nach Gründung des Petersburger Dialogs, da hat er sich oft sehr nachdenklich die Frage gestellt: Habe ich alles richtig gemacht? Und die zweite Frage, die er sich auch gestellt hat, war: Wie gehen meine Nachfolger mit meinem Erbe um? Er sah ja auch, dass sich die Realitäten ein Stück weiterentwickelt hatten.

Beim Nachdenken und Analysieren dieser Dinge, die sich nach ihm ereignet hatten, konnte er teilweise resignativ, wenn nicht sogar melancholisch werden, ich beschrieb das vorhin bereits. Insgesamt schwankte er oftmals in seinen Stimmungen zwischen enorm positiv, sich freuen, und einem Pessimismus, von dem er sich nicht einholen lassen wollte. Was ihm dabei sicher guttat, war, wenn man mit ihm in Deutschland die Öffentlichkeit suchte wie zum Beispiel beim Petersburger Dialog, wenn man sich im Hotel traf oder auch vor Hotels: Da hat er es unheimlich genossen, dass er in Deutschland anders wahrgenommen wurde als zu Hause und die Menschen sich freuten, ihn zu sehen.

Ich hatte ihm gegenüber eine hohe Anerkennung im Hinblick auf sein Lebenswerk. Seinen Mut habe ich sehr bewundert, wie er Glasnost und Perestroika damals gegen alle Widerstände durchgesetzt hat. Und das habe ich auch von ihm gelernt, dass man mutig sein muss, dass man was riskieren muss. Dass man Dinge infrage stellt und mit einer gewissen Zähigkeit an die Umsetzung neuer Ideen glaubt, wofür man das, was man heute so schön mit Stringenz umschreibt, dass man die haben muss.

Bewundert habe ich ihn für seine Nähe zur Wirtschaft. Obwohl er auch Kontakt zur Öl- und Gasindustrie hatte, wusste er, dass die Zukunft Russlands nur dann funktioniert, wenn er die russische Industrie reformiert. Dieser klare Blick, auch auf die Frage: „Wie viel Veränderung braucht die russische Industrie, um international wettbewerbsfähig zu sein?", hat ihn schon geprägt. Ich glaube, dass er die russische Industriepolitik, dass er die immer sehr stark in den

Vordergrund gestellt hat. Die war für ihn wichtiger als die Rohstoffe. Was er ebenfalls oft gesagt hat, war: „Seid immer vorsichtig! Glaubt nicht, dass das immer so weitergeht!" Dennoch war er für mich eine Bestätigung dafür, dass es sich unglaublich lohnt, für Veränderungen in Russland und für deutsch-russische Beziehungen einzutreten. Er hatte durch seine Beziehungen zu Helmut Kohl Deutschland, ich sage mal, auf seiner Liste der von ihm verehrten Länder auf Platz 1 stehen, wobei sein Ranking auch immer etwas mit Personen zu tun hatte. Für ihn war Europa fast gleichbedeutend mit Deutschland, glaube ich.

Ja, ich habe seinen Mut geschätzt. Und ich habe auch geschätzt, dass selbst, als es schwer wurde, auch nach dem Tode seiner auch von mir sehr verehrten Frau, sich immer wieder zurechtzufinden, dass er weitergemacht hat. Er hatte ja ein Riesenproblem mit den nachfolgenden Administrationen und hat mutig gegen den Widerstand der Führung die Zeitung „Nowaja Gaseta" unterstützt. Um die am Leben zu erhalten, hat er persönlich viel Geld ausgegeben. Das überregionale Blatt war für ihn eine Fortsetzung seiner Philosophie, über Offenheit, über Glasnost, das Land zu prägen und zu schauen, ob und wie es sich verändert.

In den letzten Jahren war er verbittert: Im Westen war er vergessen, in Russland haben ihn die Leute in der politischen Elite des Landes mindestens ignoriert. Ich glaube, dass er oft damit gehadert hat, dass sein Lebenswerk gerade in der letzten Phase seines Lebens konterkariert wurde.

An der Beerdigung persönlich teilzunehmen, wäre für mich selbstverständlich gewesen. Ich hatte fest vor, nach Moskau zu reisen, hatte das alles auch geplant. Das Fliegen wäre schwierig gewesen, aber ich hätte das geschafft. Dann habe ich Corona bekommen und konnte deshalb nicht reisen.

Dass ich nicht da gewesen bin, darunter habe ich durchaus gelitten. In Moskau ihm die letzte Ehre zu erweisen wäre für mich eine tiefe Geste und innere Verbeugung vor seinem Lebenswerk gewesen. Das sind so Dinge, da weiß man, dass man sie nicht mehr revidieren kann.

Tonia Moya
Geschäftsführerin Green Cross Schweden
Freundin
Göteborg

Seiner Zeit so weit voraus

Es war im Januar 1990, zwei Monate nach dem Fall der Berliner Mauer, als ich Gorbatschow zum ersten Mal in Moskau auf dem „Globalen Forum für Umwelt und Entwicklung für das Überleben der Menschheit" sah. Die Konferenz war vom Global Forum of Spiritual and Parliamentary Leaders ins Leben gerufen worden und historisch gesehen einzigartig. Das Forum vertrat die Meinung, dass die Menschheit ihre Arbeit für eine nachhaltige Zukunft auf eine tiefere Ebene bringen müsse. Damals waren Präsident Gorbatschow und die Sowjetunion Gastgeber dieses Ereignisses.

Anwesend waren amerikanische und sowjetische Wissenschaftler, indigene Völker Amerikas, Künstler und Vertreter verschiedener NGOs aus der ganzen Welt. An der Konferenz nahmen Leute teil wie der verstorbene Carl Sagan, ein amerikanischer Astronom, der spätere US-Vizepräsident Senator Al Gore, die norwegische Ministerpräsidentin Gro Harlem Brundtland und Häuptling Oren Lyons, Vertreter des Schildkröten-Clans und Mitglied der Council Chiefs, sowie Javier Pérez de Cuéllar, Generalsekretär der Vereinten Nationen, und, nicht zu vergessen, geistliche Führer der verschiedensten Glaubensrichtungen. Ich war damals 28 Jahre alt und dazugekommen, weil ein indianischer Hopi-Ältester namens Thomas Banyacya mich dazu ermutigt hatte. Alles in allem waren wir Menschen, die für Humanität kämpften.

Am letzten Tag waren wir alle im Kreml. Es war unglaublich, wie ein Spielberg-Film. Ich erinnere mich, dass ein winzig kleiner Hindu-Mann, der wie Gandhi aussah, mit seinem Holzstab auf das Podium ging und dort unter der Lenin-Statue zu singen begann … und er leitete die gesamte sowjetische und internationale Gemeinde beim Singen von „Om-mmm" an – sieben Mal, im Kreml. (Ich habe das aufgenommene Band immer noch.)

Ich konnte kaum glauben, dass es wahr war, dass ein „Eisbrecher", eine solche Konferenz zum Ende des Kalten Krieges, in Moskau stattfand – und ich war dort, eine junge Amerikanerin in der Sowjetunion.

Dann hielt Gorbatschow eine Rede, in der er viele außergewöhnliche Ideen vortrug. Eine davon war, eine internationale Organisation ähnlich wie das Rote Kreuz zu gründen – aber für die Erde. Ein „Grünes Kreuz" sozusagen, um die Zusammenarbeit über internationale Grenzen hinweg für den Umweltschutz zu fördern und von Menschen verursachte Katastrophen anzugehen. Gorbatschow schlug sogar vor, alle Atomwaffen weltweit zu verbieten und dass die internationale Gemeinschaft die bevorstehende UN-Umweltkonferenz im Jahr 1992 unterstützen solle. Für all seine Ideen und besonders für die Idee des Grünen Kreuzes erhielt er Standing Ovations.

Meine Eindrücke von seiner Persönlichkeit als solcher festigten sich erst später, nachdem ich ihn näher kennengelernt hatte. Das war ab 1994.

Gorbatschows Idee für ein Grünes Kreuz wurde Wirklichkeit. 1994 gründete er „Green Cross International" (GCI) in Kyoto, Japan, als Nichtregierungsorganisation, die sich für Umweltsicherheit einsetzt. Die Säulen der Organisation wurden ganzheitliche Programme, die alles integrierten, was von der Bereitstellung von sicherem Trinkwasser und sanitären Einrichtungen über Umweltsicherheit (Nichtverbreitung, Abrüstung, Rüstungskontrolle, Giftmüllsanierung), dann soziale und medizinische Gesundheitsversorgung (für Familien, die von Strahlenunfällen und der Exposition gegenüber gefährlichen Chemikalien betroffen sind), Klima und intelligente Energie, Wiederaufforstung bis hin zum Wertewandel im Zusammenhang mit einer Umweltbildung, den Earth Dialogues und der Erd-Charta reichte. Der Ansporn war, die besten Lösungen und ethische Wege für eine nachhaltige Zukunft für die Menschheit zu finden.

Als Gorbatschow das Green Cross gründete, wurden in verschiedenen Ländern nationale Organisationen geschaffen, die nach den Richtlinien der GCI-Säulen arbeiten sollten. Dabei spielten Michail Gorbatschow und der verstorbene Maurice Strong aus Kanada (ein ehemaliger Untergeneralsekretär der Vereinten Nationen, der 1992 den UN-Erdgipfel in Rio leitete) eine entscheidende Rolle: Sie sollten weltweit den Weg für die Deklaration der „Erd-Charta" – das sind ethische Grundsätze, die die Menschheit zu einer gerechteren, friedlicheren und nachhaltigeren Welt leiten sollten – bereiten.

2009 gründete Gorbatschow auch die Climate Task Force, ein unabhängiges Nichtregierungskomitee, bestehend aus Klimaexperten, renommierten Staats- und Regierungschefs und Friedensnobelpreisträgern, die sich darauf konzentrieren, das kollektive Bewusstsein zu schärfen und Maßnahmen gegen den Klimawandel zu entwickeln. Das war vor 15 Jahren außergewöhnlich. Heute sind diese Themen anerkannt, weit verbreitet und stehen auf der Tagesordnung.

Green Cross Sweden wurde 1994 in Kristianstad gegründet. Ziel war es, eine Umweltbrigade zu schaffen, um militärische Ressourcen für den Umweltschutz zu nutzen, etwa bei der Abwasserentsorgung im Falle von Naturkatastrophen. Ich nahm an der Konferenz teil, um einen Artikel über die Gründung des Green Cross in Schweden zu schreiben, und wurde schließlich, was nicht meine Absicht war, als jüngste Person für den schwedischen Vorstand nominiert – und gewählt. So begann meine Arbeit bei Green Cross.

Als ich später anfing, an den Treffen der internationalen Generalversammlungen des Green Cross in Genf teilzunehmen, traf ich als Vorstandsmitglied der schwedischen Organisation auch Herrn Gorbatschow. Meine wesentlichen Erinnerungen an ihn stammen aus den kleinen privaten Gesprächen in Kaffeepausen, in denen er viele sehr tiefgründige Dinge sagte, von denen ich hier zitieren möchte. So wollte ich einmal eine Geschichte über das Grüne Kreuz schreiben und fragte ihn: „Herr Gorbatschow, ich arbeite an einem Artikel über das Green Cross. Was soll ich schreiben?" Er beharrte darauf: „Njet, njet, njet. TV! Fernsehen!" Ich antwortete: „Aber ich schreibe einen Artikel", und so lenkte er ein und erklärte: „Sagen Sie den Menschen, dass die Mission des Green Cross eine dreifache ist:

- Erstens müssen wir der Menschheit die globale Umweltkrise bewusst machen.
- Zweitens müssen wir unser Bewusstsein, unsere Werte, unser Selbst von innen heraus verändern.
- Drittens müssen wir mit allen Bereichen der Gesellschaft zusammenarbeiten – und das über internationale Grenzen hinweg."

Ich denke, diese drei Punkte sind entscheidend: die Menschheit sensibilisieren, das Bewusstsein schärfen und bei uns selbst anfangen.

Was ich Ihnen dazu auch über ihn erzählen kann, ist, dass Herr Gorbatschow die Erd-Charta sehr liebte und leidenschaftlich verfolgte. Wenn du zum Beispiel sagst, dass du das Bewusstsein der Menschen verändern musst, dann ist das erst mal sehr abstrakt, weil du nichts sehen, hören oder berühren kannst. Diese Veränderung muss aus den Herzen der Menschen kommen, wozu sie – damit sie den Wandel erarbeiten können – eine Struktur und Richtlinien benötigen. Dann kommt man in die Dimension, um über Ethik und Werte zu sprechen, und dafür ist die Erd-Charta wie ein Fahrplan für die Menschheit.

In einem anderen Gespräch fragte ich ihn: „Herr Gorbatschow, glauben Sie an Gott oder irgendeine höhere Intelligenz im Universum?" Er sagte nach vielen Worten und einer sehr kurzen Übersetzung der Dolmetscherin: „Ich glaube an den Kosmos. Ich glaube an eine höhere Intelligenz des Universums. Die Antwort auf Ihre Frage muss also Ja lauten." Dabei zwinkerte er mit den Augen. Dann lachte er und kommentierte: „Dass wir nur noch fünf Millionen Jahre in unserem Sonnensystem haben, bis unsere Sonne ausgebrannt ist."

Diese Art von Gesprächen mit ihm ist für mich bis heute eigentlich unglaublich: Ihn gekannt zu haben, diese offene Seite von ihm zu sehen und seine visionären und tiefgründigen Beiträge bei Green-Cross-Meetings mitbekommen zu haben, war in diesen Jahren ein Privileg meines Lebens.

Historisch gesehen sticht Herr Gorbatschow heraus. Ich denke, es gibt keine anderen Staats- und Regierungschefs in unserer Zeit, die auch nur einige dieser Dinge versucht haben, die er getan hat. Es gab viele Themen, die er auf die Tagesordnung setzte und erläutern wollte – und 20 Jahre später begann die ganze Welt darüber zu sprechen.

Er war seiner Zeit immer weit voraus, ein Wegbereiter. Der erste Staats- und Regierungschef, der neue Wege beschritt. Ein Pionier. Ich denke, Gorbatschow war ein Mann von enormem Genie. Er konnte Dinge auf globale Weise und aus einer ganzheitlichen Perspektive zu gegebener Zeit kommen sehen. Ich kann sagen, dass er ein außergewöhnlicher Mensch und viel größer war, als die Leute wussten.

Manchmal, weißt du, können Menschen berühmt sein und es umgibt sie eine gewisse Oberflächlichkeit. Er war echt. Nach allem, was er gesagt hat und getan hat, glaube ich fest daran, dass er einer der größten Denker unserer Zeit war.

Vor allem hatte er nie Angst, die Wahrheit auszusprechen. Er war sehr geradlinig, und die Art und Weise, wie er sprach, war eloquent. Er konnte mit wenigen Worten auf den Punkt kommen, und zwar auf eine Weise, die jeder verstand. Er war so charismatisch, leidenschaftlich bei den Dingen, über die er sprach, und er hatte einen großartigen Sinn für Humor.

In meinem Leben hatte ich das Privileg, mit einigen ganz besonderen Menschen zusammengetroffen zu sein und ihre wahre Präsenz und ihre Weisheit auf eine sehr reale Weise zu erfahren. Es ging nicht darum, dass alle an das gleiche politische Dogma oder eine Sache glaubten oder im selben Verein waren, nichts dergleichen. Es ging um Vielfalt und darum, für den höheren Zweck der Menschheit – unsere planetare Zukunft – weltweit zusammenzukommen und zusammenzuarbeiten.

Ein Beispiel ist die geplante Säuberung der Ostsee von versenkter Munition. Hier haben wir in Schweden damit begonnen, die Öffentlichkeit darüber zu informieren, was zu tun ist, wenn sie in Kontakt kommt mit ursprünglich versenkten Geschossen, die an Stränden angespült werden oder sich in den Fischernetzen in Schweden verfangen.

Ich habe viel von ihm innerhalb der Arbeit im Green Cross gelernt. Er war ein Wegbereiter in alle Richtungen und immer bemüht, den nächsten Schritt voranzubringen. Jede Begegnung mit ihm war inspirierend und ein Lernprozess. Was ich gelernt habe? Das kann ich gar nicht in einem Satz zusammenfassen, weil es einfach so gewaltig ist.

Normalerweise geht es den Staats- und Regierungschefs der Welt nur um ihr eigenes Land, ihre politische Karriere, den Machterhalt oder was auch immer. Aber Herr Gorbatschow konnte die Menschheit und den Planeten aus einer breiteren Perspektive sehen. Das ist ungewöhnlich, weil die meisten das nicht tun. Ich denke, es war seine ganzheitliche Vision für die Menschheit, eine Art Blaupause – die bis heute für uns gültig ist.

Michail Gorbatschow wird immer einer der wichtigsten Menschen meines Lebens bleiben. Die Sache ist die, dass ich mich seit meiner Jugend berufen fühlte, unsere Erde zu schützen. Wenn du über das Schicksal sprichst, kannst du deinen Geist auf bestimmte Dinge oder bestimmte Ziele konzentrieren. Ich hätte jedoch niemals auch nur ahnen oder planen können, dass die Arbeit mit dem Grünen Kreuz eine Lebensaufgabe und ein fester Bestandteil meines Lebens werden würde.

Unsere Zeit auf der Erde ist so kurz. Wir sind auf der Durchreise, und es gibt einige unglaubliche Kreuzungen, die unser Leben bestimmen, denke ich. Die visionäre Führung seitens Gorbatschow ist so eine außergewöhnliche Lebenserfahrung. Er war eine Vaterfigur für mich, wie er es für jeden in unserer Organisation war.

Als ich vom Tod von Herrn Gorbatschow hörte, war ich hier in Griechenland und unglaublich traurig. Zu seiner Beerdigung nach Moskau zu fahren, wäre unter den gegebenen Umständen unmöglich gewesen. Und ja, natürlich vermisse ich ihn. Und der Ruf ist immer noch da, und wir sind immer noch hier – stehen um dieses Feuer herum.

Und ich hatte das Gefühl, dass er nicht die Chance hatte, alles zu Ende zu bringen, was er wollte. Der beste Weg, ihn zu ehren, besteht also darin, jetzt die Arbeit an seinem Vermächtnis fortzusetzen. Dabei geht es nicht *nur* um Green Cross. Das ist eine Organisation und ein Name. Es geht auch darum, wozu wir hier sind.

Ruslan Grinberg
Freund
Berlin/Moskau

Mehr Mensch als Politiker

Ich hatte Glück: Anfang der Achtzigerjahre habe ich im „Institut für Wirtschaft des sozialistischen Weltsystems" an der „Akademie der Wissenschaften" gearbeitet, wo wir die Wirtschaft und Politik der sogenannten sozialistischen Länder analysierten. Wir wussten, im Politbüro der KPdSU war ein Mann namens Michail Gorbatschow für dieses Thema zuständig. Ab und zu bat er uns, Gutachten zu ausgewählten Problembereichen zu erstellen. Unter den damaligen „Vor-Glasnost-Bedingungen" erwartete er von uns etwas, was man als „Doppelzüngigkeit im Dienste der Wahrheit" bezeichnen könnte: Für die Öffentlichkeit mussten wir Bücher darüber schreiben, wie gut in den sozialistischen Ländern gelebt wird und wie verfault der Kapitalismus ist. Aber was die Gutachten für ihn und das Politbüro betraf, so bestand Gorbatschow stets auf die ungeschminkte Wahrheit.

Nebenbei bemerkt: Die internationale Abteilung des ZK der Partei war – das wird viele Menschen im Westen sicher wundern – sehr, sehr liberal orientiert und ich würde sagen, dass sie den realen Sozialismus in der Sowjetunion effektiver zerstörte als die Oppositionellen. Und Gorbatschow stand in seiner Denkweise diesen ungewöhnlichen Menschen sehr nahe.

In diesem Zusammenhang entwickelte sich die Idee einer Konvergenz der sozialistischen und kapitalistischen Systeme, die Gorbatschow zum Fundament seiner Perestroika machte. Es ging ihm darum, in seiner Heimat die persönliche Freiheit einzuführen, also um einen demokratischen Sozialismus, wie ihn Dubcek bereits in der Tschechoslowakei und Kádár in Ungarn praktiziert hatten. (Mit dem späteren Reformer des Prager Frühlings, Zdenek Mlynarzh, hatte er ja bereits während seines Studiums an der Lomonossow-Universität in einem Zimmer gewohnt.) Dabei orientierte er sich an der sozialen Marktwirtschaft in Westeuropa. Wir haben dafür im Institut das Wort „Internationaler sozialistischer Markt" gefunden und dachten, das würde Gorbatschow gefallen.

Später, als Generalsekretär der KPdSU, hat Gorbatschow versucht, im Rahmen seines Reformkurses drei Ziele gleichzeitig zu realisieren:
- politische Freiheit für die Menschen
- Dezentralisierung: Er hat den Ultra-Zentralismus abgeschafft, über den er geschrieben hatte: „In Stawropol konnte man ohne Genehmigung aus Moskau noch nicht mal eine Toilette einbauen."

- aber das mit Abstand Bedeutendste: Er hat das Neue Denken mit dem Primat der allgemeinmenschlichen Werte entwickelt und in Neues Handeln umgesetzt. So hat er die Welt von der damals akuten Atomkriegsgefahr befreit.

Indem er den Menschen in der Sowjetunion die Freiheit gab, öffnete er aber die Büchse der Pandora: Er hat Freiheit gegeben und immer wieder wiederholt: Glasnost, Glasnost, Glasnost. Aber was heißt das? Jeder konnte nun nicht nur die Wahrheit verbreiten, sondern auch jede Menge Unsinn. Nach 70 Jahren Diktatur waren die meisten Menschen – wie hätte es auch anders sein können! – für die Verantwortung der Freiheit, auch der Meinungsfreiheit, noch nicht reif.

Heute bin ich mir sicher und kann es jetzt auch sagen: Die Freiheit – die angeblich alle Menschen ja wollen – verwandelt die Menschen nicht automatisch in Staatsbürger. Aber damals dachten bei uns wohl die Menschen, mit ihrer Befreiung käme auch automatisch der Wohlstand. Als das nicht passierte, wollten viele auch die Freiheit nicht mehr. Es gibt ein Sprichwort in Russland: Freiheit kann man sich nicht wie Butter aufs Brot schmieren.

Ähnliches geschah in den Sowjetrepubliken: Die dortigen Politiker waren von der neuen Freiheit geradezu berauscht. Sie begannen, über die Stränge zu schlagen, und erließen sogar Gesetze, die gegen die föderalen verstießen. Doch Gorbatschow blieb zögerlich. Vielleicht dachte er ja, er könne diese Anarchie „leiten".

2011 flogen wir zusammen nach München. Auf dem Flug entwickelte sich folgender Dialog:

Ich: „Wollen Sie wissen, wann Sie begonnen haben, zu verlieren?"
Gorbatschow wurde sehr ärgerlich.

Ich: „Du bist auch so wie die anderen."
Er: „Na gut, dann sag mal."
Ich: „Sumgait. Das war der Beginn Ihrer politischen Niederlage."
Er: „Warum?"
Ich: „Niemand wurde bestraft."
Er: „Ich habe den Befehl gegeben, das zu untersuchen und den oder die Schuldigen zu finden."
Ich: „Dabei ist nichts herausgekommen. Es wurde niemand gefunden."
Er fragte: „Was hättest du gemacht?"
Ich: „Ich hätte einen Unschuldigen bestraft."
Daraufhin schaute er mich an – fast mit Verachtung!

Politik ist meiner Meinung nach nicht immer eine schöne Angelegenheit. Die Versuchung, nach dem Prinzip „Der Zweck heiligt die Mittel" zu handeln, ist immer groß. Gorbatschow aber war mehr ein Mensch als ein Politiker. Er war grundsätzlich gegen die Anwendung von Gewalt. Allerdings kam es unter seiner Herrschaft zu staatlichen Gewalttaten in Baku, Vilnius und Tbilissi, bei denen seine Rolle bis heute unklar ist.

Bis heute wird diskutiert, wann welche Reformschritte hätten gemacht werden sollen: erst die Politik und die politischen Regeln verbessern? Oder hätte man erst mal die Ökonomie in Ordnung bringen müssen? Wir wissen es nicht. Was wir aber wissen, ist, dass Anfang der Neunzigerjahre die meisten dachten, Gorbatschow habe sich politisch überlebt. Politiker der Opposition, Jelzin und seine Leute, und die Moskauer Intelligenz dachten, sie könnten es besser! Auch die überwiegende Mehrheit im Institut war für Jelzin. Nur mir und einigen wenigen Kollegen war klar, dass man damit in die Falle des Populismus lief.

Meine direkte Zusammenarbeit – und Freundschaft – mit Gorbatschow begann erst nach dem Ende der Sowjetunion. Mittlerweile war ich ein wichtiger Mann: Direktor des vielbeachteten Instituts für Wirtschaft an der Akademie der Wissenschaften.

1993 sind wir uns zum ersten Mal persönlich begegnet. Er war sehr offen, energisch und optimistisch. Nichts wies darauf hin, dass er an Machtverlust litt. Wir sprachen über verschiedene Dinge wie zum Beispiel die Preisentwicklung. 1992 war ein sehr interessantes Jahr gewesen: Ein Jahr zuvor, im letzten Jahr seiner Präsidentschaft, hatte man Gorbatschow dafür kritisiert, eine Inflation von jährlich sieben Prozent zugelassen zu haben. 1992 unter Jelzin betrug die Inflation 2600 Prozent. Gorbatschow fragte mich: Warum ist die Geldentwertung so enorm? Warum gehen all die Ersparnisse verloren?

Später machte er mir das Angebot, Leiter der Gorbatschow-Stiftung zu werden. Das kam sehr plötzlich und war natürlich eine sehr große Ehre für mich. Aber ich habe nicht zugesagt – und weiß bis heute nicht, ob das richtig war. Wir haben dann verabredet, dass ich als ehrenamtlicher Berater mit meinen Kollegen Materialien und Informationen für seine Vorlesungen liefern werde und wir in Kontakt bleiben.

Mit der Zeit vertiefte sich unser Kontakt immer mehr: Er hat mich eingeladen nach Amerika, ich flog mit ihm 2004 nach Luxemburg und 2011 nach Deutschland.

Ich mochte an ihm alles. Er war für mich ein Vorbild, ein Idol – auch weil er ein einfacher Mensch war. Ein Beispiel: Es ist sehr schwer, wenn du sehr wichtig, Präsident, Zar oder König, bist und dann von der Szene abtreten musst und in der 20. Reihe sitzt. Ich weiß, dass viele Leute, die diese Situation erleben, dass die sehr unglücklich sind. Bei ihm konnte ich das nicht bemerken. Er war sehr gelassen. Er ist in Russland geblieben und hat all den Hass, all die Missachtung abbekommen. Er hätte auch in Deutschland leben können. Da war er ein Star.

Wissen Sie: die Liebe. Es war sehr, sehr bewegend, ihn zusammen mit seiner Frau zu sehen. Als wir einmal in Amerika waren, sind wir in ein Restaurant gegangen und haben dort drei, vier Stunden verbracht. Die ganze Zeit hatte er ihre Hand gehalten. Das hat mich sehr fasziniert. Das war ein natürliches Verhalten von ihm. Sie hat ihn auch sehr geliebt und ja, das war absolut klar, dass sie sich gegenseitig geliebt haben. Das kommt selten vor!

Dass Gorbatschow seine Liebe und seine Achtung vor seiner Frau öffentlich gezeigt hat, das passierte zum ersten Mal bei einem sowjetischen Parteichef. Das konnte ihm das Volk nicht verzeihen und hat ihn und Raissa nie gemocht. Raissa wurde sogar gehasst. Es war für mich sehr überraschend, dass auch gebildete Frauen und Mädchen in Russland sie nicht mochten. Die erste Reaktion, als sie Raissa im Fernsehen sahen, war Kritik: Wieso zieht sie sich ständig um bei den Veranstaltungen? Das ging den russischen Frauen auf die Nerven. Dazu kam: Sie war Lehrerin. Ich würde so sagen: Den Oberlehrerton, den wir so oft den Deutschen vorwerfen, den hatte sie auch. Deswegen hat man sie nie gemocht. Sie sagte einmal, dass das Volk sie lieben wird, wenn sie tot ist.

Seinen Humor habe ich gemocht. Er war sehr witzig. Und das hat ihn gerettet bei den Misserfolgen, die er hatte. Ein Beispiel: Einmal war ich sehr niedergeschlagen. Es war eindeutig, dass wir kein demokratisches Land mehr werden würden. Ich fragte ihn: „Warum haben Sie diesem Volk die Freiheit gegeben?" Und Michail Sergejewitsch antwortete: „Warum hast du mich nicht früher gewarnt?" Ein anderes Beispiel: Wir waren 1997 in New York in einem tschechischen Restaurant. Der Chef hatte Gorbatschow erkannt und ist vor ihm auf die Knie gefallen. Er sagte: „Michail Sergejewitsch, Sie haben mein Leben geändert. Wegen Ihnen konnte ich nach New York gehen." Er hat angefangen, ihm die Hosen zu küssen, und sagte: „Sie sind wie Jesus." Und Gorbatschow sagte: „Nein, nein. Steh mal auf. Übertreib nicht. Übrigens habe ich etwas Gemeinsames mit Christus: Wir beide sind in einem Stall geboren!"

Und dann seine Warmherzigkeit. Ich glaube, das war eine Qualität, die ihm bei seiner Arbeit geholfen hat. Das war ja keine leichte Angelegenheit. Er war sehr natürlich, authentisch. Er war kein Schauspieler. Er war, der er war. Seine ukrainischen Wurzeln hörte man, weil er immer mit einem starken südrussischen Akzent gesprochen hat. Er war ein einfacher Mensch aus dem Süden Russlands, sehr intelligent, sehr klug, mit einer hohen emotionalen Intelligenz.

Was mich besonders faszinierte, war seine Haltung zum Volk. Seine Einstellung zu den einfachen Leuten war völlig anders als bei den vorherigen und heutigen Generalsekretären oder Staatschefs. Ich kenne nur wenige Leute, die Boss sind und das Volk wirklich geliebt haben. Es gibt vielmehr Menschen, deren Verhalten mich an Radfahrer erinnert. Die denken: „Solange ich noch nicht oben bin, buckele ich. Aber wenn ich Boss bin, dann trete ich nach unten!" – Das ist gang und gäbe.

Gorbatschow war nicht so. Er hat immer das Beste im russischen Volk, er hat seinen Wert gesehen. Das waren für ihn keine Schweine oder irgendein Stück Fleisch. Es waren Menschen. Er war sehr ärgerlich und wurde sauer, wenn die Moskauer Intelligenz in seiner Anwesenheit auf das Volk geschimpft hat. Auf der anderen Seite hat er das Volk überschätzt, ich sagte es vorhin bereits. Selbst als er ein paarmal grob verraten worden war, blieb er ein Freund des einfachen Volkes. Er war Romantiker und dachte über Menschen wesentlich besser, als sie in Wirklichkeit sind.

Als Staatschef war er gewohnt, dass man ihm zuhörte, und so redete er lang und viel. Der Grund war für mich ganz klar: Maßvoll ehrgeizig und eitel, wollte er allen gefallen. Um trotz seiner unvorstellbar vielen Feinde in den ersten fünf Jahren all das bewegen zu können, was er bewegt hat, musste er lavieren. Er versuchte durch viel Reden, die obere Ebene der Kommunistischen Partei einzuschläfern. Das viele Sprechen war eine Strategie von ihm, die nur bis zu einem gewissen Grad geklappt hat. Aber offen gestanden: Bis heute weiß ich nicht, was er hätte tun müssen, um an der Macht zu bleiben.

Nach seinem Rücktritt redete er auf Veranstaltungen auch deswegen so viel, weil er nicht über die aktuelle Situation in Russland befragt werden wollte. Auch das war eine Strategie von ihm, um Antworten auszuweichen. Mir hat er ebenfalls nicht geantwortet, als ich ihn gegen Ende seines Lebens zur Lage in der Ukraine befragte. Sehen Sie: Vor seinem Tod lebte er in einer Wohnung in einem Krankenhaus in Moskau. Bei meinen Besuchen fragte ich Gorbatschow, ob er den Menschen nicht etwas zum 24. Februar 2022 sagen wolle. Er lehnte das ab und ich war unzufrieden. Kurz vor seinem Tod besuchte ich ihn ein letztes Mal und fragte, ob er nicht doch etwas zur Ukraine sagen wolle. Er hat es nicht getan.

Ich bin sehr von ihm geprägt worden. Ich war ein erwachsener Mann, 40 Jahre alt, als ich ihm begegnete. Dennoch hat er mir menschliche Würde beigebracht, Geduld, Gelassenheit. Er hatte großen Einfluss auf mich, einfach weil er da war und weil wir viel kommuniziert haben.

Ich will Ihnen das an einem Beispiel erklären: In Russland war die Familie vor Gorbatschow nicht wichtig. Das hat sich geändert und auch ich habe mich in meiner Haltung geändert: Familie ist für mich wesentlich geworden. Oder wie fürsorglich Gorbatschow seine Frau behandelt hat! Das war für einen Russen absolut ungewöhnlich. Uns, meiner jetzigen Frau Oxana und mir, hat er gesagt, dass wir heiraten sollten. Wir haben das gemacht. Ja, er hatte eine enorme Bedeutung und ich versuche, in schweren Situationen genauso gelassen und geduldig zu sein wie er.

Ja, ich habe ihn absolut gemocht. Ich habe ihn geliebt. Sehr. Er ist für mich ein Ideal des Menschen und ich bin sehr glücklich, dass ich ihn bis kurz vor seinem Tod immer wieder im Krankenhaus besuchen konnte. Ich bin glücklich, dass er mich angerufen hat und mit mir sprechen wollte. Das Einzige, was ich sehr bedaure, ist, dass ich am Ende seines Lebens Fotos von dem todkranken Gorbatschow und mir auf Facebook veröffentlicht habe. Das war eine unnötige Eitelkeit von mir.

Ich war auf seiner Beerdigung. Es war eine Katastrophe. Die Mächtigen in Moskau wussten nicht, wie sie sich verhalten sollten. Es sollte kein Staatsbegräbnis geben und gleichzeitig musste etwas passieren, weil Gorbatschow nicht nur ein Politiker gewesen war, sondern auch ein Mensch der Zeitgeschichte.

Neben dem aufgebahrten Gorbatschow habe ich vier Stunden in der Ehrenwache gestanden. Tausende Moskauer mit wirklich menschlichen Gesichtern kamen und haben ihm die letzte Ehre erwiesen. Es war eine Schande, dass niemand aus dem Westen dort war! Der einzige westliche Staatsmann, der kam, war ausgerechnet Viktor Orbán aus Ungarn.

Nach der Beerdigung gab es ein Essen. Alle waren bedrückt vom Krieg und vom Tode Gorbatschows. „Solange er lebt, wird es Hoffnung geben", hatten wir immer gedacht.

Jetzt ist auch diese Hoffnung Vergangenheit!

Henning Scherf
Bremer Bürgermeister a. D. (SPD)
Weggefährte
Bremen

Ein gebildeter Vertreter der Zivilgesellschaft

Gorbatschow war 1997 für drei Tage eingeladen worden vom Bremer Senat und Egon Harms, einem inzwischen verstorbenen Unternehmer, der sich „Weser-Onassis" nannte. Harms war Gorbatschow-Fan und wollte immer ein Gorbatschow-Zentrum in Deutschland gründen, hatte schon Millionen gespart und dachte, dass Gorbatschow seine ganzen Unterlagen nach Deutschland bringen könne, damit die geschützt werden. Wolfgang Eichwede und ich haben ihm das ausgeredet: Erstens habe er, Harms, nicht genug Geld und zweitens dürfe Gorbatschow das gar nicht ausführen und drittens bleibe Gorbatschow in Russland.

Als er nach Bremen kam, waren wir alle hin und weg, weil wir die deutsche Wiedervereinigung als seine Leistung gesehen hatten. Ohne ihn wäre das ja nie so gewesen. Also jeder: Die Konservativen, die Linken und quer durch die Bremer Gesellschaft waren wir alle Fans. Die Bremer gelten ja gemeinhin als etwas zurückhaltend: aber bei Gorbatschow überhaupt nicht. Ich bin mit ihm über den Marktplatz gegangen, durch die Böttcher-Gasse, wir mussten so aufpassen, weil er ja auch einer ist, der gerne mit den Leuten redete und sie an sich ranließ. Er ist ja nicht so ein Typ gewesen, der sich mit viel Polizeischutz umgab. Es war eine solche überschwängliche Begeisterung – es war unglaublich, wie die Menschen ihn gefeiert haben. Und er hat das gemerkt: Die sind alle begeistert von mir.

Er hat damals schon für seine Stiftung gesammelt und auch ordentlich Honorare kassiert. Er hat einen Vortrag vor der Handelskammer gehalten, einen Vortrag im Rathaus, er war bei der Forschungsstelle bei Eichwede. Da war Genscher dabei und Wolfgang Altenburg, der NATO-General a. D., und die haben dann in einer Runde erzählt, wie sie das Treffen Gorbatschow–Reagan in Reykjavík vorbereitet haben. Da haben ja viele noch gedacht: Reagan zieht ihn über den Tisch und macht ihn hilflos. Doch durch die gute Vorbereitung wurde etwas Großes aus dem Treffen. Alle Beteiligten wussten damals: Das muss jetzt ein Erfolg werden. Es muss jetzt wirklich eine Abrüstungsverständigung geben.

Ich erinnere mich an eine unglaublich spannende Podiumsdiskussion mit Altenburg, Genscher und Gorbatschow in der Forschungsstelle; da saß ich im Publikum und musste immer mit den Tränen kämpfen, weil ich dachte: Das hier ist jetzt richtig Weltgeschichte.

Altenburg berichtete, wie ihn Reagan gefragt habe, ob er Gorbatschow vertrauen könne. Und da hat Altenburg gesagt, er wisse, dass die Sowjets das ernst meinen. Das sei keine List, die sie anwenden, um den Westen zu linken. Die würden rauswollen aus der ständig sich weiter nach oben treibenden Rüstungsspirale. Der Grund, so Altenburg, sei gewesen, dass die Sowjetunion das Militärische nicht mehr hätte zusammenhalten können. Sie hätte kein Geld mehr und stünde ökonomisch mit dem Rücken zur Wand und wollte eine friedliche Koexistenz.

Gorbatschow nahm ich bei dieser Diskussion als das Gegenstück Breschnews wahr, den hatte ich auch mal erlebt. Er war kein russischer General, kein typischer Generalsekretär der Kommunistischen Partei, sondern das war ein gebildeter Vertreter der Zivilgesellschaft, von der ich immer gehofft hatte, dass es die irgendwo in Russland gibt. Ich kannte ja auch welche. Ich kannte Andrei Sacharow oder die Memorial-Leute: Deren Mitbegründer Arseni Roginski, der hat ja bei uns hier im Haus mit seiner Familie ein Jahr gewohnt. Und Lew Kopelew, mit dem war ich befreundet. Sie alle hatten mir dieses Bild von der russischen Zivilgesellschaft vermittelt. Und plötzlich kommt da so einer, der genau das repräsentiert.

Und dann die kluge Raissa. Die war ja so zurückhaltend und so schlau und so sortiert. Und dann konnte sie fließend Englisch – konnte er ja nicht. Mit ihr konnte man sich direkt verständigen, bei ihm brauchte man immer Dolmetscher. Dieses Paar habe ich erlebt wie einen Glücksfall der Geschichte.

Und dann weiß ich noch genau, dass Herr Harms, der das Ganze finanziert hatte, dass der ihn auf seinen Hof in der Nähe von Harpstedt eingeladen hatte. Seine Scheune hatte er zu einem großen Veranstaltungszentrum umfunktioniert und war im siebten Himmel, dass Gorbatschow ihn besuchte. Der machte das pflichtbewusst, weil er wusste, dass Le Harms das Geld gegeben hatte.

Das Schöne war, dass das bei Harms kein Polittreffen war. Ich war dort auch dabei gewesen und habe mich unglaublich gefreut, wie dieses Milieu aus Reedern, Unternehmern, Hafen- und Geschäftsleuten, die mit den Russen wirtschaftlich zusammenarbeiteten und dabei viel Geld verdienten, dort zusammenkam. Ulli Nussbaum zum Beispiel, der später unser parteiloser Finanzsenator war, der ist da Millionär geworden. Er hat mit denen ein Joint Venture gemacht und russischen Fisch für den Westmarkt verpackt, vermarktet und den Handel versorgt. Das war alles picobello und die bekamen Devisen und er hat gut verdient.

Also, alle haben sich pudelwohl gefühlt, und Gorbatschow hatte überhaupt keine Probleme, mit denen zu reden und ihnen nah zu sein. Ich habe da so eine Szene in Erinnerung: Es bildete sich ein großer Kreis und alle hatten irgendetwas zu trinken und er saß in der Mitte und erzählte. Das war so unglaublich. Er hatte einen guten Dolmetscher, den Eggert Hartmann, dabei, und es klappte mit dem Übersetzen.

Es war so, wie ich mir das immer vorgestellt habe: Das waren nicht so die klassischen, vorgestanzten Politreden, die man sonst erwartet von solchen Leuten. Das waren biografische Geschichten: was seine Großeltern erlebt hatten. Was seine Eltern erlebt hatten. Wie er als Junge aufgewachsen ist und wie er sich mit dem Krieg und den Kriegsfolgen auseinandergesetzt hatte: Das war beeindruckend. Das war authentisch.

So was habe ich nur bei Willy Brandt erlebt. Der konnte das auch. Helmut Schmidt konnte das überhaupt nicht. Willy Brandt, wenn er gut drauf war und nette Leute um sich hatte, dann nahm der sich die Gitarre und spielte und sang alte Arbeiterlieder, und alle um ihn herum zerflossen. Und dann erzählte er vom spanischen Bürgerkrieg und was er da erlebt hat und was er in der Emigration erlebt hat und wie er abgehauen ist als Abiturient in Lübeck in seinem kleinen Boot nach Norwegen – das hat mich doch sehr daran erinnert.

So wie ich den Willy erlebt habe, so habe ich den Gorbatschow erlebt. Der vermittelte mit seiner ganzen Person den Leuten: Ich mache das nicht, weil ich so eitel bin. Ich mache das nicht, weil ich so machtgierig bin. Ich mache das nicht, weil ich viel Geld verdienen will. Ich mache das, weil das meine Menschenpflicht ist, endlich dafür zu sorgen, dass wir hier friedlich miteinander umgehen, dass wir uns achten und respektieren in unserer Unterschiedlichkeit.

Dann habe ich ihn ein zweites Mal getroffen, das war dramatisch: Mein Freund Detmar Leo, Abgeordneter der bremischen Bürgerschaft, lag in der gleichen Klinik in Münster, auf der gleichen Etage und in der gleichen Abteilung wie Raissa Gorbatschowa. Den habe ich besucht und bin dort wieder mit Gorbatschow zusammengekommen, als er seine todkranke Raissa besucht hat.

Die Besucher auf dieser Sonderstation mussten sich alle in so lange Kittel kleiden, Schuhe und Mundschutz an, und die Kranken, die liefen da ohne rum. Und so ist Gorbatschow dann zu seiner Raissa gegangen und ich zu meinem Detmar. In irgendeiner Pause, ich weiß gar nicht, wie lange die gedauert hat, haben wir uns dann auf dem Flur getroffen und haben beide geweint. Und ich kann doch kein Russisch! Und es war kein Dolmetscher da. Ich konnte ihm nur durch meine Körpersprache zeigen, wie nah ich ihm war. Das hat er auch verstanden und mitbekommen, er ist ja sehr sensibel gewesen. Ja, das war das letzte Mal, dass ich ihn gesehen hatte.

Nach dem Tod von Raissa, da hat ihn seine Tochter Irina stabilisiert. Er war völlig fassungslos, so habe ich das beobachtet, und er wusste überhaupt nicht mehr wohin. Und dann hat seine Tochter ihn genommen und gesagt: Papa, da sei jetzt der Weg. Sie müssten weitermachen und die Reste, die sie übrighätten, die müssten sie schützen. Sie haben sich um die Stiftung und die Mitarbeiter dort gekümmert, die ja bis zu seinem Ende funktioniert hat und immer noch funktioniert.

Wegen seines Mutes habe ich ihn bewundert. Ich dachte, der riskiert Kopf und Kragen, diesen alten, runtergewirtschafteten Polizeistaat zu reformieren, in dem sich die Menschen gegenseitig misstrauen und bedrohen. Nur alte Generalsekretäre, die selbst lange beim Militär oder der Geheimpolizei waren, wurden akzeptiert. Wenn jetzt jemand in so einem Staat, der dadurch geprägt ist, dass man sich gegenseitig denunziert, um sich Vorteile zu verschaffen, wenn jemand in so einer Gesellschaft etwas umsetzen will wie Glasnost und Perestroika, dann muss der unmenschliche Kraft haben. Der muss einen unermesslichen Mut und keine Angst haben, dass man ihn umbringt oder in eine Falle hineinlockt, dass er weggesperrt oder angegriffen oder vergiftet wird. Dass Gorbatschow all das nicht an sich hat herankommen lassen, das bewundere ich bis heute. Dass er sich dann beim Umbau dieses alten, sozialistischen Polizei-, Militär- und Geheimdienst-Gesellschaftswesens zur zivilen, sozialistischen, menschenfreundlichen Gesellschaft verschätzt hat, ist sehr schade. Es ist ihm nicht gelungen.

Die Fähigkeit, auf Leute zuzugehen, auch persönlich zu kommunizieren und Vertrauen zu stiften, habe ich als beeindruckend erlebt. Schewardnadse, der unter Gorbatschow amtierende Außenminister und spätere Präsident Georgiens, der war ja oft bei den Verhandlungen dabei. Er hat mir bestätigt, dass Gorbatschow Vertrauen hatte in die, mit denen er zusammensaß. Dass er nicht nur misstrauisch Feindobservation, Feindbeobachtung oder Feindbegrenzung betrieb oder sich dafür interessierte, wer welche Intrigen drehte. Er hat wirklich darauf gesetzt: Wir können uns neu verständigen. Er war voll von Hoffnung auf eine sozialistische Demokratie. Er wollte keine kapitalistische Demokratie. Aber er wollte eine Demokratie, er wollte eine Rechtsstaatlichkeit.

Ich glaube auch, dass er überzeugt davon gewesen ist, dass wir ökonomisch wieder stark gewordenen Westdeutschen ihm zentral dabei helfen können, seine völlig ruinierte Wirtschaftsstruktur wieder auf Vordermann zu bringen. Dem lag daran, dass die Deutschen sich engagieren in Russland, dass sie investieren, dass sie große Industrieanlagen bauen. Der ökonomische Erfolg, den wir ja nach 1945 spektakulär erlebt haben, der hat ihn offenbar beeindruckt und den wünschte er sich für die Sowjetunion. Er hat uns damit mehr zugetraut, als wir wirklich leisten konnten.

Das war auch ein Grund, weswegen er ein armer, von den Russen missachteter Pensionär wurde. In Deutschland hingegen wurde er begeistert überall empfangen. Er ist überall gefeiert worden, auf Personalversammlungen bei Krupp und überall. Die haben ihn auf den Schultern getragen, im Westen und im Osten sowieso: Wir waren bundesweit alle Gorbi-Fans, querbeet, durch alle politischen Parteien. Und er hat es genossen.

Ja, ich sagte es vorhin schon mal: Er erinnerte mich an Willy Brandt. Brandt ist ja vorgeworfen worden von Schmidt und von Wehner, dass er kein Machtpolitiker, sondern ein romantischer, emotionaler Charismatiker gewesen sei, der darauf gesetzt habe, ohne es richtig begründen zu können, dass die Leute mehrheitlich gutwillig sind und dass man mit den Gutwilligen zusammen etwas zustande bringen kann. So was Ähnliches habe ich bei Gorbatschow gespürt: Dieses Zutrauen in die Menschen einer humanen Gesellschaft, nach der er sich gesehnt hat und an der er gerne teilhaben wollte, das hatte er.

Lew Kopelew hat mir das beschrieben, der hat ja wunderbar Deutsch gesprochen, der hat gesagt: „Es gibt unter den russischen Intellektuellen seit mehreren Jahrhunderten eine fast idealistische Sehnsucht nach diesem deutschen kulturgesellschaftlichen Zusammensein. Die lesen gerne Goethe, Heine, Schiller und all so was." Selbst Peter der Große hat diese Sehnsucht gehabt. Der wollte ja von Westeuropa die Rezepte haben, um sein Land nach vorne zu bringen. Und das, obwohl der ein brutaler Mann gewesen ist. Kopelew sagte: „So was gibt es." Das sei nicht nur Tolstoi, der das gepredigt habe, sondern das gehe quer durch die intellektuelle, leider nicht sehr starke Schicht der Russen. Ich hatte das Gefühl, da gehörte Gorbatschow dazu, zu dieser Tradition der Hoffnung, dass es da in Westeuropa Gesellschaften gibt, mit denen man sich zusammentun kann.

Ich fand, er hat Fehler gemacht, als er sich von Jelzin, der ein alkoholkranker Politiker, kommunistischer Populist und völlig unzuverlässig war, dass er sich von dem hat aus dem Amt jagen lassen. Den Putsch habe ich in Riga erlebt, als Gorbatschow auf der Krim war und mit seiner Familie Urlaub machte. Dann gab es das Bild, wie Jelzin in Moskau auf dem Panzer stehend die Soldaten dazu überredete, nicht die eigenen Leute zu erschießen. Das hätte ich Gorbatschow gewünscht: dieses Auf-dem-Panzer-Stehen und Für-Frieden-Sorgen. Dass er das nicht gewesen ist, das hat mich enttäuscht.

Wie er sich dann hat zitieren lassen von Jelzin vor die Duma, das war ganz schrecklich. Ich habe das als große Kränkung erlebt und dachte: Das war nun unser Hoffnungsträger. Der wird jetzt hier vom Hof gejagt. Ich weiß bis heute nicht, woran das gelegen hatte: ob er bereits resigniert hatte? Ob er falsch beraten worden war? Das kann ich bis heute nicht erklären.

Aber all das hat mich jedoch nicht gehindert, ihn weiter zu verehren. Ich habe ihn eigentlich bis zu seinem Tod verehrt. Dass er dann verbittert gewesen ist und gemeint hat, der Westen hätte die Verabredungen nicht eingehalten, das habe ich als einen Versuch wahrgenommen, sich zu schützen. Er tat das, um überhaupt in Moskau leben zu können und damit Herr Putin ihn nicht einsperrt oder ihm seine Pension sperrt oder seine Stiftung dichtmacht. Ich glaube, ein Teil der politischen Erklärung, dass er so tief enttäuscht sei über die Erweiterung der NATO, kommt meines Erachtens daher, dass er sich nicht anlegen wollte mit der Putin-Administration.

Ich habe von Gorbatschow gelernt, dass in diesem heruntergewirtschafteten Sowjetsystem, wo jeder jedem misstraut und wo rätselhafte, Geheimdienst-kontrollierte Seilschaften das Land im Würgegriff haben und unterdrücken, dass in so einer wirklich extrem schwierigen Gesellschaft es möglich ist, Reformen zu denken und zu versuchen, sie umzusetzen. Ein Beispiel: Als er 1985 Generalsekretär wurde, hatten wir eine Veranstaltung mit Wolfgang Eichwede, der einen Spitzenkommunisten aus der Tschechoslowakei zu Gast hatte. Dieser Mann hatte mit Gorbatschow in Moskau in der Parteihochschule der KPdSU das Zimmer geteilt und den haben wir gefragt: Macht der nun Ernst? Oder ist das alles nur Show und Propaganda? Können wir Gorbatschow trauen? Der hat dann berichtet, wie er sich mit seinem Zimmergenossen überlegt hat: Wie kommen wir aus dieser Situation, in die Stalin uns hineingejagt hat, wie kommen wir aus dieser katastrophalen Lage wieder heraus, und er berichtete aus biografischer Nähe, dass Gorbatschow aufrichtig sei.

Ich bin damals glücklich gewesen, dass er so authentisch über den uns allen unbekannten Gorbatschow gesprochen hat. Und das habe ich in diesem Zusammenhang gelernt: dass es in einem solchen System, in dem es eigentlich nur Untergebene mit Soldatendisziplin gibt und alles andere wird in Lager oder Gefängnisse gesteckt, dass es möglich ist, solche Biografien zu entwickeln. Und das habe ich dann immer in der DDR gesucht: Wer ist in der DDR der Gorbatschow? Da gab es keinen.

Ich habe auch vorher schon nicht an die Feindbilder geglaubt, die in der Nachkriegszeit in der Bundesrepublik aufgebaut worden sind: dass die Russen brutale Feinde und unkultivierte Barbaren seien. Das hat Gorbatschow mir dann bestätigt: Das Feindbild passte überhaupt nicht. Das war ein Nachbar, das war ein Freund, das war einer, mit dem man gern zusammen ist. Kohl hat mir erzählt, der konservative Kohl, wie er sich mit Gorbatschow angefreundet hatte, mit welchen Gesten sie sich gerade im Informellen verstanden haben. Das war nicht über Alkohol, wie das sonst immer in der Sowjetunion ist. Die hatten ja immer Kampfsaufen. Nein, mit ihm war das anders: Das war eine herzliche, von Vertrauen getragene Wärme, da war Mitmenschlichkeit, Interesse.

Ich wusste, dass er todkrank war. Ich habe den Film „Sein letztes Interview" gesehen und wie er am Schluss sagte: „Ich kann nicht mehr. Jetzt machen wir mal Schluss." Das war in seinem Haus. Was ich damit sagen will: Ich war vorbereitet und von seinem Tod nicht überrascht. Ich hatte das erwartet. Ich fand sogar gut, dass er in Moskau gestorben ist und nicht im Ausland.

Diane Meyer Simon
Gründerin Green Cross International
(USA)
Freundin
Indianapolis

Seine Leidenschaft für große Diskussionen

Ich traf Herrn Gorbatschow zum ersten Mal 1993 im Stiftungsbüro in Moskau. Ich war von dessen Exekutivdirektor zur zweiten Versammlung von Green Cross International eingeladen worden, weil ich Gorbatschow einen Brief geschrieben hatte, in dem ich ihm zur Gründung von Green Cross gratulierte.

Er war von dem Brief beeindruckt und bat den Schweizer Politiker Roland Wiederkehr, mich anzurufen, sich mit mir zu treffen und mich dann zu dem Treffen nach Moskau einzuladen. Dort war ich die einzige Frau unter fünf Männern. Ich verließ dieses Treffen mit dem Auftrag, die amerikanische Sektion von Green Cross zu gründen, die später als Global Green USA bekannt wurde.

Zum Hintergrund: Präsident Gorbatschow war einer der ersten Staats- und Regierungschefs der Welt, der ein Bewusstsein für viele wichtige Themen schuf. Dazu gehörte unter anderem das „Recht auf Wasser" als Menschenrecht, die „grenzüberschreitende Wasserkonvention", die Auseinandersetzung mit dem Klimawandel und die Notwendigkeit, Atomwaffen abzuschaffen.

Inspiriert von seiner Idee „einer Organisation ähnlich wie das Rote Kreuz – aber als Grünes Kreuz für die Erde" schuf Michail Gorbatschow ein Bündnis nationaler Organisationen in 30 Ländern weltweit. Seine Mission basiert seit jeher auf Inklusion, Menschen aus allen Gesellschaftsschichten, über Ländergrenzen hinweg und im Geiste des inneren Glaubens zusammenzubringen, um Lösungen für die Krise, in der unser Planet ist, zu finden. Er rief auch die „Earth Dialogues" ins Leben, um die Zusammenarbeit innerhalb der internationalen Gemeinschaft zu fördern. Er sagte einmal: „Frieden bedeutet nicht Einheit in der Gleichheit, sondern Einheit in der Vielfalt, im Vergleichen und Ausgleichen von Unterschieden."

Zu unseren Meetings trafen wir uns alle zwei Monate an verschiedenen Orten auf der ganzen Welt. Anfangs verspürte ich einen gewissen Druck, in den Treffen außergewöhnlich gute Leistungen zu erbringen, da Michail Gorbatschow betonte, dass Frauen eine größere Sensibilität für Umweltbewusstsein hätten.

Ich habe 25 Jahre lang mit ihm zusammengearbeitet. Meine Arbeit und mein Leben waren stark von ihm beeinflusst und er wurde zu einem der wichtigsten Menschen. Als guter Freund hat er mich in meinen Anstrengungen bestärkt, sowohl in den Vereinigten Staaten als auch international. Zum Beispiel besuchte Gorbatschow 2007 unser Projekt in New Orleans, wo Global Green die verwüsteten Viertel nach dem Hurrikan Katrina nach ökologischen Gesichtspunkten neu aufbaute. Oder er schrieb Unterstützungsbriefe, als ich gebeten wurde, den Vorsitz des Green Cross International zu übernehmen, wo ich heute im Ehrenvorstand bin. Wenn ich heute als emeritierte Gründungspräsidentin von Global Green USA zurückblicke, sehe ich, dass dank ihm viele einflussreiche Menschen in Amerika sehr inspiriert wurden und sich für Nachhaltigkeitsthemen engagierten.

Er war von ungeheuer spiritueller Natur. Er drückte seinen Glauben als universell aus und sagte, er glaube „an eine höhere Intelligenz und an den Kosmos". Eloquent, wie er war, sagte er einmal: „Die Natur ist mein Gott. Für mich ist die Natur heilig. Bäume sind meine Tempel und Wälder meine Kathedralen. Sei eins mit der Natur!"

Etwas, was ihm am Herzen lag, war, die Erklärung der Erd-Charta voranzubringen. Er glaubte leidenschaftlich an einen grundlegenden Wandel unserer ethischen Werte. Er wurde zu einem hellen Licht und einer großen Inspirationsquelle für viele Menschen weltweit, insbesondere für diejenigen in immer größer werdenden Kreisen, die sich für Nachhaltigkeit und den transformativen Wandel der Menschheit einsetzen.

Im Laufe meines Lebens habe ich mit vielen großartigen Persönlichkeiten eng zusammengearbeitet: Michail Gorbatschows Vorreiterschaft war und wird einzigartig bleiben. Sein visionäres Genie lag in seiner Fähigkeit, das große Ganze zu sehen, ein ganzheitliches Verständnis für die Dynamik größerer Prozesse. Bereits vor 30 Jahren war er der erste Staats- und Regierungschef, der die internationale Gemeinschaft aufforderte, die Dinge aus einer globalen Perspektive zu betrachten. Er legte die Messlatte höher, um anstehende Fragen aus einer langfristigen Perspektive für die Zukunft künftiger

Generationen zu erarbeiten. Seine charakteristische Methodik war es, im Geiste der Zusammenarbeit die internationale Gemeinschaft zu vereinigen.

Ich bin voller Trauer, dass Michail Gorbatschow von uns gegangen ist. Er wird für immer einer der größten Visionäre unserer Zeit sein, der sein Leben dem Frieden, der Demokratie, der Freiheit, der Abrüstung, der Umweltsicherheit und einer nachhaltigen Zukunft auf der Erde gewidmet hat. Dieser große Mann prägte nicht nur den Lauf der Geschichte, er wurde auch 1990 mit dem Friedensnobelpreis ausgezeichnet.

Ich werde mich immer an sein großes Charisma erinnern, sein Lächeln, seinen großartigen Sinn für Humor, seine Leidenschaft für große Diskussionen und seine unverblümte Art, stets zum Kern der Sache vorzudringen und die Wahrheit auszusprechen.

Man sagt, dass unsere Taten über unsere Lebenszeit auf Erden hinaus weiterleben. Ich weiß in meinem Herzen, dass die Saat, die Gorbatschow gesät, und die Prozesse, die er in Gang gesetzt hat, noch lange nach seiner Zeit Früchte tragen werden.

Das war die großartige Natur seiner Seele. Hören wir alle den Aufruf, den Weg nach vorn fortzusetzen, den Präsident Gorbatschow einst in unserer Welt geebnet hat – für die Aufklärung der Menschheit und für unsere planetarische Zukunft.

Michail Sergejewitsch Gorbatschow, du bist jetzt eins mit dem Kosmos. Ich werde dich sehr vermissen.

Gregor Gysi
Jurist/Abgeordneter im Bundestag
(Die Linke)
Berlin

Er war kein Wirtschaftsmensch

Ich glaube, das war am 1. Februar 1990, als ich Gorbatschow das erste Mal traf. Da bin ich nach Moskau geflogen und es war noch das übliche Programm für einen Vorsitzenden der einstigen Staatspartei: Kranz niederlegen am Grab des unbekannten Soldaten, kurz im Lenin-Mausoleum und dann Termin beim Abteilungsleiter für internationale Beziehungen am ZK der KPdSU, Falin. Danach war das Gespräch mit Gorbatschow in seinem Büro im ZK mit dem DDR-Chefdolmetscher für Russisch und Chinesisch Helmut Ettinger.

Gorbatschow war nervös. Seine Augen flackerten die ganze Zeit. Es war ein höchst angespannter Moment für ihn. Wir haben noch mal kurz über die auch von ihm genehmigte Währungsunion und anderes gesprochen. Und dann hat er mir gesagt, dass er am nächsten Tag dem Zentralkomitee vorschlagen werde, dass ein Präsident der UdSSR gewählt wird. Ich fragte ihn, über welchen Apparat der Präsident verfügen wird. Da sagte er: „Budjet, budjet." Das heißt übersetzt: „Das wird schon."

Da hatte ich größte Zweifel, weil ich mir vorstellen konnte, dass Jelzin seinen Apparat dem Präsidenten nicht zur Verfügung stellt. Den Parteiapparat konnte er auch nicht nehmen und ein Präsident ohne Apparat kann nichts umsetzen. Ich merkte, er hatte politische Ideen. Er hatte auch politische Vorstellungen. Aber die Umsetzung, die Realisierung, die war schwierig.

Angst in dem Sinne, dass ihm irgendwas passiert oder so, die hatte er nicht. Sondern ich hatte den Eindruck, dass der Mann wahrscheinlich 23 Stunden am Tag arbeitete – ein bisschen überzogen natürlich – und in einer Art und Weise gefordert war, dass bei mir neben einem Stück Bewunderung, die ich immer für ihn empfunden habe, auch ein Stück Mitleid entstand.

Wir haben uns dann, das weiß ich noch ganz genau, am 9. November 1999 in Berlin getroffen, bevor er im Bundestag gesprochen hat. Da war er aufgeschlossener, aufgeräumter, nicht so nervös wie am 1. Februar 1990. Das fand ich auch spannend.

Man muss Folgendes sehen: Gorbatschow hatte geniale politische Reformen angeschoben, die allerdings nicht zu dem führten, was er wollte. Das ist hochinteressant bei großen Persönlichkeiten: Die leiten etwas ein, was dann einen anderen Verlauf nimmt, als sie es sich wünschen. Das ist in der Geschichte häufig so gewesen: Martin Luther hatte auch geniale Reformideen und wollte die römisch-katholische Kirche reformieren und nicht eine Spaltung provozieren. Aber die Spaltung, die kam heraus. Und Gorbatschow wollte eine reformierte, möglichst demokratische Sowjetunion und nicht deren Zerfall, der dann eingetroffen ist.

Trotzdem hatte er geniale politische Ideen und zwei Schwächen …
- Die eine Schwäche war, dass ihm für die Wirtschaft nichts eingefallen ist. Und daran musste er scheitern.
- Und die zweite: Er war zu vertrauensselig. Also, wenn die anderen ihm bei 2+4 versprachen: „Wir nehmen kein Land im Osten in die NATO auf", bestand er nicht darauf, das schriftlich festzulegen, sondern hat gesagt: „Wenn sie das sagen, werden sie das schon machen."

Wie genial er war, zeigte sich bei seiner Rede 1999 im Bundestag. Da sagte er, dass er bei Präsident George Bush senior gewesen sei und der ihn fragte: „Warum sind Sie so misstrauisch gegen Deutschland, dass Sie Deutschland raushaben wollen aus der NATO?" Und Gorbatschow hat erwidert: „Nein, Sie sind misstrauisch gegen Deutschland. Deswegen wollen Sie Deutschland drin haben in der NATO." Der Einzige, der an der Stelle richtig herzhaft lachen konnte, war Helmut Kohl. Das war so ein bestätigendes Lachen, weil er glaubte, dass beide Vorstellungen stimmten. So etwas hatte Gorbatschow instinktiv absolut sicher erfasst.

Wenn sich seine Mitarbeiter erschreckten, dann war das meistens falsch. Ein Beispiel: Da gab es sechs Kandidaten für das US-Präsidenten-Amt. Gorbatschow war in Washington und wurde nun gefragt, wer von denen es denn würde. Ob er da nicht ein Zeichen machen könne? Und dann nahm er einen Stift und alle erstarrten; dass er doch nicht jetzt ernsthaft … und dann hat er alle sechs eingekreist.

Wissen Sie, man muss immer aufhören können zu siegen. Gorbatschow war logischerweise kein Sieger, aber er hatte ein so hohes Ansehen im Ausland, dass er auch nie ein Verlierer-Typ war. Das

Problem war, dass sein Ansehen in der Sowjetunion sank, und das lag meines Erachtens an der schlechten Wirtschaftslage. Die Leute sind unmittelbarer in dem, was sie fühlen und denken. Wenn ich zum Beispiel große, philosophische Sätze sage, das würde die meisten nicht interessieren. Die führen ja ein konkretes Leben und das muss sich in irgendetwas widerspiegeln.

Ich werde die Hartz-IV-Empfängerin nie vergessen, die bei mir war, alleinerziehend mit zwei Kindern, und sagte: „Also, Herr Gysi, ich habe CDU gewählt, da ging es mir nicht besser. Dann habe ich die SPD gewählt und es ging mir nicht besser. Dann habe ich Ihre Partei gewählt und da ging es mir auch nicht besser. Jetzt wähle ich nicht mehr." Und sie dann davon zu überzeugen, dass das eine Fehlentscheidung ist, ist nicht so einfach.

Es gab mehrere Sachen, die ich an Gorbatschow mochte. Erstens dieser Mut, zu versuchen, dieses riesige Land zu demokratisieren. Natürlich kriegst du die Zustimmung von den Leuten. Und dann gibt es einen Apparat und der Apparat kann sich gegen dich stellen, wenn viele glauben, dass zumindest ihre Stellung gefährdet ist. Und die sind zu vielem fähig, das darf man nicht unterschätzen. Es gab ja den Versuch, ihn während seines Urlaubs zu stürzen.

Zweitens bewunderte ich seine Art zu sprechen und zu reagieren. Er hat auch Auseinandersetzungen nicht gescheut. Ich weiß noch, wie er in einer der baltischen Republiken landete und da stand einer mit einem Schild für Unabhängigkeit. Nicht wie andere ist er einfach an ihm vorbeigegangen, scheinbar ohne es zur Kenntnis zu nehmen. Nein, er stritt mit ihm. Hin und her haben die beiden diskutiert: Das hat mich wieder beeindruckt, dass er das so konnte, egal, ob man dafür oder dagegen ist.

Letztlich hat mir dann noch imponiert, dass er sich, als alles zusammenbrach, nicht ins Ausland absetzte, sondern in Moskau blieb. Und er tat mir leid bei der Auseinandersetzung mit Jelzin, wo dieser ihn in der Duma so vorführte. Aber ich weiß auch nicht, wie man da eigentlich hätte reagieren müssen. Souveräner bestimmt, aber Gorbatschow war verunsichert in der Situation und da tat er mir auch leid. Also: Mein Gefühl schwankt immer zwischen Bewunderung auf der einen Seite, Kopfschütteln, weil zum Beispiel als Präsident ohne Apparat und nichts für die Wirtschaft, auf der anderen Seite und ein Stück Mitleid auf der dritten Seite.

Unsere Gespräche waren immer so offen, das hat mir sehr gefallen. Das Einzige, wobei ich sagen würde, dass ich das nicht mochte: Er war – wie geschildert – zu vertrauensselig. Nun bin ich Jurist, Gorbatschow war auch Jurist, das kommt dazu, und ich hätte das immer alles schriftlich gemacht. Ich hätte mir eine Gruppe von Spezialisten für die Wirtschaft geholt und gesagt: Lasst euch etwas einfallen! Ich muss die Wirtschaft so steigern, dass es den Leuten besser geht.

Bei meinem letzten Besuch in Moskau, der war lange vor dem Krieg, da haben mir die Moskauerinnen und Moskauer, die ich getroffen habe, gesagt, am besten sei es ihnen unter Breschnew gegangen. Da klappte mir schon der Unterkiefer runter. Aber wahrscheinlich stimmt das so, weil es ein fortwährendes Warenangebot und ein fortwährendes Dienstleistungsangebot gab. Das war nicht so wie bei Chruschtschow, bei dem es auch mal nichts gab und dann wieder etwas. Demokratieerlebnisse hatten sie kaum. Für mich war es interessant, dass mir das geantwortet wurde.

Ich fand sein Verhältnis zu seiner Frau auch ausgezeichnet. Es war ja das erste Mal, dass die Ehefrau eines Generalsekretärs des ZK der KPdSU überhaupt eine Rolle spielte. Schon das hatte eine Wirkung. Es ging um eine Familie, es ging um ein Ehepaar. Die Frau von Breschnew oder die Frau von Chruschtschow – das hat man ja alles nicht mitbekommen.

Und dann, das habe ich fast vergessen – hochinteressant: Er kam ja zum 40. Jahrestag der DDR im Oktober nach Berlin. Da hat immerhin Eberhard Aurich, der vorletzte Chef der FDJ, zu den FDJlern gesagt: „Ihr könnt ruhig Gorbi rufen." Und die riefen „Gorbi, Gorbi" und nicht „Honni, Honni" oder so etwas Ähnliches. Und da sagte Margot Honecker zu Aurich: „Das wird ein Nachspiel haben", aber mehr für sie als für ihn. Er wurde allerdings im November 1989 abgelöst von Frank Türkowsky, der das Amt bis Ende Januar 1990 hatte.

Dolmetscher Ettinger erzählte mir dann, dass es erst ein Gespräch gab nur zwischen Gorbatschow und Honecker, an dem eigentlich auch Günter Mittag, Lenker der Planwirtschaft, teilnehmen sollte. Der durfte dann aber doch nicht dabei sein und stand draußen und Gorbatschow sagte zu Honecker: „Wir wollen, dass du weitermachst."

Dann sind sie ins Politbüro gegangen und Mittag lief immer hinterher, damit die Mitglieder des Politbüros dachten, dass er auch dabei gewesen wäre. Dort hat Gorbatschow lange über notwendige Reformen gesprochen. Er war dann fertig und Erich Honecker fragte die Genossen, ob irgendjemand etwas dazu sagen wolle. Natürlich sagte keiner etwas, weil ihr Generalsekretär dabei war.

Und dann erzählte Erich Honecker Folgendes: Er sei vor einem Jahr in Magnitogorsk im Südural gewesen, weil er dort mal ein Jahr gearbeitet habe. Dort war ein Jubiläum der Stadt, zu dem er eingeladen gewesen sei, und alles sei sehr nett gewesen. Seine Delegation habe eine Stadtbesichtigung gemacht, er selbst sei nicht dabei gewesen, und sie waren im Magazin und es hätte keinen Zucker gegeben. Gäbe es noch Fragen?

Das hieß, Honecker sagte zu Gorbatschow: Einer, der nicht mal dafür sorgen kann, dass es Zucker im Magazin gibt, der soll mir keine Vorschriften machen, was wir in der DDR zu tun haben.

Ich fand die mir geschilderte Reaktion von Honecker auf Gorbatschow unverschämt und mir fiel ein Satz meines Vaters ein, den er einem amerikanischen Journalisten gesagt hatte, der ihn erst nach der Wende veröffentlichte. Kurz für den Hintergrund: Mein Vater Klaus Gysi war zum Schluss in der DDR Staatssekretär für Kirchenfragen und flog 1988 raus aus dem Amt. Es war der Eindruck entstanden, dass er nicht, wie es sein Job gewesen wäre, die SED-Interessen gegenüber den Kirchen vertreten hätte, sondern umgekehrt, die Kircheninteressen gegenüber der SED. Das war der Grund, dass er gehen musste.

Er sagte mir damals, dass er gar nicht so traurig darüber sei, weil: „Die müssen in zwei Jahren alle gehen." Ich sagte: „Wie kommst du denn da drauf?" Und er sagte zu mir: „Also, dem Gorbatschow fallen sehr gute politische Reformen ein, aber nichts für die Wirtschaft. Daran geht er zugrunde. Und die SED-Führung denkt ernsthaft, sie könnte sich immer mehr distanzieren von der sowjetischen Führung, ohne die sie gar nicht existieren könne." Diese Sicht bestätigte der US-amerikanische Journalist, dem er es auch 1988 gesagt hatte.

Ich habe das übrigens nicht geglaubt. Ich meinte, dass es der DDR nicht gut ging, das war schon klar. Aber Untergang?

Gorbatschow machte dann bei der offiziellen Feier zum 40. Jahrestag der DDR noch etwas. Draußen waren ja die Demonstranten und er sagte irgendwann, er müsse zurück, und zu Honecker: „Du musst mich nicht begleiten", und ist allein zum Flughafen gefahren worden. Das gab es eigentlich nicht! Das hätte Honecker auch nicht machen dürfen. Na gut. Dann ist – retouché wiederum – im Auftrage von einigen Politbüro-Mitgliedern Harry Tisch vom Militärflughafen nach Moskau geflogen, um die Genehmigung zur Absetzung von Honecker einzuholen.

Ich kann nicht sagen, dass es zwischen Gorbatschow und mir Dinge gab, die ich nicht mochte. Gorbatschow war zu mir immer sehr aufgeschlossen, sehr ehrlich, sehr nett. Er war zum Teil überfordert. Wissen Sie, er war wirklich jemand, der glaubte, dass man diesen Staatssozialismus demokratisch reformieren könne. Vielleicht wäre sogar noch etwas daraus geworden, wenn er gesagt hätte: „Die Wirtschaft! Du musst das machen! Du musst jenes machen! Du musst dieses machen!" Das ist aber nicht geschehen. Er war eben ein politischer Mensch. Er war kein Wirtschaftsmensch.

Sie fragen nach den Auswirkungen von Gorbatschow auf mein Leben. Zunächst mal begriff ich, dass man in einer bestimmten Funktion auch den Mut haben muss, mit dem, was vorher war, zu brechen. Chruschtschow hat das in anderer Hinsicht versucht und wurde gestürzt. Die Frage ist also: Wie lange hält man das aus? Und wann hat man genügend Gegnerinnen und Gegner, die einen zu Fall bringen? Und genau das darf man nicht fürchten. Wenn man das fürchtet, kann man nichts mehr vollbringen. Man muss da einfach durch und wenn es passiert, dann passiert es. Und ich glaube, das war auch seine Haltung.

Dadurch hatte ich plötzlich auch den Mut zu sagen: „Ne. Du lässt jetzt die SED nicht untergehen. Wer bin ich denn, dass ich eine Partei, die 1946 von der SPD in der sowjetischen Zone und der KPD gegründet – und die wurde wiederum von Rosa Luxemburg und Karl Liebknecht 1918/19 gegründet –, untergehen lasse?

Ich kann austreten, das kann ich. Und wer vertritt dann die Interessen derjenigen, die die Einheit nicht wollten? Derjenigen, die wissen, dass aus ihnen nichts wird? Und derjenigen, die dachten, dass aus ihnen etwas wird, und aus denen nichts wurde in der Bundesrepublik Deutschland? Die müssen doch auch einen Weg in die Einheit finden.

Die Frage ist, wie? Ein Staatssicherheits- oder ein NVA-Offizier, der hauptamtliche Parteiarbeiter oder Hauptabteilungsleiter aus den Ministerien, aber auch die gesamte geistige Elite, die Philosophinnen und Philosophen, die Juristinnen und Juristen – das war doch alles wahnsinnig schwer. Da habe ich mir gesagt: Wenn der Gorbatschow den Mut hat, die Reformen so anzugehen, dann musst du auch den Mut haben, die SED zu übernehmen, obwohl du dafür arg beschimpft werden wirst, was dann ja noch schlimmer kam. Zuerst war ich sehr beliebt, weil ich im Fernsehen ein anderes Reisegesetz vorschlug, das wirklich das Reisen erlaubte. Da wurde ich sogar Ehrenmitglied von Brigaden nach dem 6. November. Dann wurde ich im Dezember 1989 Vorsitzender der SED und da hatte sich das mit der Beliebtheit sofort wieder erledigt.

Deshalb hatte ich dann eine Phase von mehreren Jahren, wo mich die Mehrheit der Bevölkerung strikt ablehnte, ich mich aber doch als preußisch stur erwies – das hat auch etwas mit Gorbatschow zu tun –, also ich nicht aufgeben konnte und wollte. Beides. Das konnte er ja auch nicht.

Letztlich habe ich mir gesagt: Du musst eine Akzeptanz für dich und für deine Partei erreichen. Das ist mir zu einem bestimmten Zeitpunkt auch gelungen. Ich hatte natürlich schwache Sekunden, in denen ich mir sagte: Schmeiße den ganzen Laden hin! Die wird er auch gehabt haben. Ich habe es aber doch nicht gemacht.

Gelernt habe ich von ihm, dass es keinen Sinn hat, eine Gesellschaft aufzubauen, die in mancher Hinsicht sozialer war als die westlichen Gesellschaften, das Soziale aber nicht mit entsprechenden Waren und Dienstleistungen untermauerte, die autoritär bis diktatorisch strukturiert war, sodass die Leute, die sich an Strukturen gewöhnen, gezwungen sind, anders zu reden, als sie denken.

Das hat Gorbatschow aufgelöst und es hat mir imponiert, dass so etwas aus dem Staatssozialismus heraus selbst einem langjährigen Mitglied des Politbüros möglich war.

Und: Daran ist er letztlich auch gescheitert. Einmal politisch und zum anderen ökonomisch. Ähnlich wie zum Beispiel Walter Ulbricht, der 1963 das „Neue ökonomische System der Planung und Leitung" einführte. Ulbricht wollte wirklich Elemente der Marktwirtschaft bis hin zur Insolvenz umsetzen, weil er wusste: Er musste in der Arbeitsproduktivität aufholen im Vergleich zur alten Bundesrepublik. Da kam Breschnew und hat das unterbunden und gesagt: „Nur Planwirtschaft." Ulbricht war 1971 seinen Job los und wurde durch Honecker ersetzt. Mit dem VIII. Parteitag der SED wurden die Reformen rückgängig gemacht.

Als ich die Nachricht von Gorbatschows Tod hörte, dachte ich: Das ist ja so blöde, dass er stirbt während des Krieges und deshalb kein richtiger Abschied stattfinden wird. Und: Ich habe gedacht, dass die Bundesregierung doch etwas mehr Mumm zeigt und jemanden hinschickt. Putin war nicht einmal dabei, sondern nur Medwedew. Man hätte mit dem zwei Sätze wechseln, man hätte es auch bleiben lassen können.

Dann fiel mir ein, dass ich im Fernsehen die Beerdigung von Pompidou gesehen hatte. Da war der US-Präsident da, der Vorsitzende des Obersten Sowjets und der damalige DDR-Staatsratsvorsitzende Willi Stoph – das weiß auch keiner mehr –, es waren so viele Staatsoberhäupter da und nahmen Abschied. Pompidou hatte eine gewisse Relevanz. Aber für die Geschichte mehr getan hat Gorbatschow.

Der Abschied war beschämend. Wenn ich eine Einladung bekommen hätte, dann hätte ich das Außenministerium gequält, um da hinzufahren. Die Teilnahme wäre für eine Bundesministerin oder einen Bundesminister schon etwas anderes gewesen. Für den

Kanzler ist es noch einmal etwas anderes, wie auch für den Bundespräsidenten. Aber nur einen Geschäftsträger der Botschaft zu entsenden? Das war einfach zu wenig. Die Regierung hätte anders vertreten sein müssen.

Wir waren nicht persönlich befreundet und haben uns deshalb auch nicht oft gesehen. Ich wusste, dass er sehr krank war, und ich glaube, er war auch nicht sehr glücklich. Er war einsam ohne seine Frau. Und insofern kann ich mir vorstellen, dass der Tod für ihn auch eine gewisse Erleichterung war.

Klaus Meine
Rockmusiker/Freund
Hannover

Gefühlt waren wir per Du

Unsere Russland-Geschichte fängt 1988 an. Damals waren wir als eine der ersten Bands aus dem Westen eingeladen worden, fünf Konzerte in Moskau und fünf Konzerte in Leningrad zu spielen. Leider wurden die Moskau-Konzerte sehr kurzfristig gecancelt und wir haben zehn Shows in Leningrad gegeben. Der große Erfolg und der positive Eindruck, den wir da hinterlassen haben, führte dazu, dass wir ein Jahr später im August in Moskau beim Moscow Music Peace Festival vor weit über 100.000 Zuschauern im Luschniki-Stadion auf der Bühne standen. Es war einer unserer herausragenden Konzertmomente in den 1980er Jahren.

Beim russischen Woodstock, wie es hinterher genannt wurde, traten viele internationale Künstler aus den USA, England und eben die Scorpions aus Deutschland an zwei Tagen auf. Es gab positive Momente, auch mit der jungen Generation der Rockfans, die zu uns gekommen sind und gesagt haben: „Klaus, die Zeiten des Kalten Krieges werden bald vorbei sein. Der Mann im Kreml heißt Gorbatschow. Das Land und wir befinden uns in einer Öffnung."

Inspiriert durch 1988 in Leningrad und 1989 in Moskau, entstand die Friedenshymne „Wind of Change". Im Song, der 1991 erschien, kann man all das, wovon ich eben sprach, wiederfinden: dass Ost und West aufeinander zugehen, dass alte Gräben zugeschüttet werden und dass eine hoffentlich gemeinsame, friedliche Zukunft vor uns liegt. Diese Botschaft bewegt offenbar seit langer Zeit die Herzen der Menschen und ist auch der Grund, warum vor zwei Monaten die Zahl von einer Milliarde Clicks bei YouTube überschritten wurde. Das ist auch für mich unglaublich.

Aber zurück in die 1990er Jahre: „Wind of Change" wurde ein Welthit und führte in vielen Ländern die Charts an. Die Plattenfirma hat dann gesagt: „Klaus, wir wollen 'ne spanische Version für die spanischsprachigen Märkte", sodass ich eine spanische Version aufgenommen habe. Und weil mein Bandkollege Rudolf Schenker sagte: „Klaus, die Inspiration für den Song kommt aus Russland. Wir sollten auch eine russische Version machen", haben wir auch die aufgenommen.

Im Laufe des Jahres 1991 bekamen wir dann eine offizielle Einladung in den Kreml und waren alle sehr überrascht. Bis zuletzt waren wir skeptisch, ob das überhaupt stattfinden würde, nicht zuletzt aufgrund der instabilen politischen Situation in Moskau. Aber: Am 14. Dezember nachmittags fuhren wir mit einem Tross von Fahrzeugen durch dieses berühmte Tor 19, wo sonst nur Politiker durchfahren dürfen. Mit dabei waren Journalisten aus Deutschland, unser Manager aus den USA und die Label-Manager von unseren Plattenfirmen, die sich alle diesen historischen Moment nicht entgehen lassen wollten.

Wenn man zurückschaut, war das zehn oder elf Tage vor dem Ende der Sowjetunion, bevor Präsident Michail Gorbatschow zurücktrat und Weihnachten 1991 die sowjetische Flagge auf dem Kreml eingeholt wurde. Es war also auch ein hochpolitischer und historischer Augenblick. Wir waren fast die letzten offiziellen Gäste, die Michail Gorbatschow im Kreml getroffen hat, und die Tatsache, dass er in diesen problematischen Zeiten eine deutsche Rockband empfing, das war sehr besonders für uns.

Bis wir irgendwann vor der richtigen Tür standen, mussten wir durch endlos lange Gänge laufen. Am Ende trafen wir auf einen bestens aufgelegten Michail Gorbatschow, zusammen mit seiner Frau Raissa. Es gab ein großes Blitzlichtgewitter von all den Medien, die dabei waren. Wir haben ihm eine goldene Schallplatte von „Wind of Change" überreicht. Gorbatschow hat eine kleine Rede gehalten. Ich habe mich revanchiert und habe auch ein paar Worte gesagt. Dabei nahm ich Bezug auf die positiven Gefühle aus dem Kreml nach all den Jahren des Kalten Krieges, das große Rockfestival in Moskau und dass wir all das Michail Gorbatschow zu verdanken hatten.

Nachdem der offizielle Teil beendet war, hat er uns gebeten, an einem riesenlangen Tisch Platz zu nehmen. Ich habe mir nicht in meinen kühnsten Träumen vorgestellt, einmal neben Gorbatschow zu sitzen, und nun lud er mich ein, neben ihm Platz zu nehmen. Das war ungewöhnlich, denn normalerweise sitzen die Gäste auf der anderen Seite des Tisches. All die Jahre von Chruschtschow über Breschnew und die anderen Hardliner, die wir mit dem Kreml verbunden haben, all das schien sich völlig verändert zu haben. So freundschaftlich, so offen, so herzlich. Das war sehr, sehr beeindruckend.

Zwischen uns entwickelte sich ein sehr interessantes Gespräch über Glasnost und Perestroika und Rock 'n' Roll. Ich erinnere mich, ihm erzählt zu haben, wie es war, als ich aufgewachsen bin. Damals, am 12. Oktober 1960, hatte Nikita Chruschtschow auf der Vollversammlung der Vereinten Nationen eine Rede gehalten und am Ende seinen Schuh ausgezogen und auf das Rednerpult geschlagen und getrommelt. Das sei eine Geste gewesen, sagte ich zu Gorbatschow, die sehr viel Schrecken im Westen ausgelöst habe. Gorbatschow sagte dazu: „Das war doch Rock 'n' Roll, oder?"

Er hat sich viel Zeit für uns genommen. Fast eine Stunde lang haben wir uns ausgetauscht. Dann sagte er: „So, ich muss jetzt telefonieren. François Mitterrand hat gerade angerufen."

Nein, wir hatten von Anfang an einen sehr positiven Draht, der sich auch bei vielen weiteren Treffen im Laufe der Jahre ja fast freundschaftlich, muss man sagen, entwickelt hat. Wann immer wir uns gesehen haben, hat man sich umarmt, und obwohl wir nicht die Sprache des anderen sprachen und auf die Hilfe von Dolmetschern angewiesen waren, war es immer sehr herzlich.

Er war zum Beispiel hier in Hannover zu Besuch bei der Landesregierung. Wir waren auch unter den Gästen. Als er reinkam, hat er mich sofort gesehen, kam auf mich zu und – herzliche Begrüßung. Oder bei seinem 80. Geburtstag in der Royal Albert Hall in London: Da spielten wir „Wind of Change" zusammen mit dem Royal Symphony Orchestra für ihn. Das war auch ein großartiger Moment. Er war zu Tränen gerührt und kam zu uns auf die Bühne.

Dann waren wir, das muss 2008 gewesen sein, zu einer Fernsehshow in Moskau eingeladen, um dort zu spielen. Eine junge Frau holte uns als dessen Vertreterin vom Flughafen ab. Sie saß bei mir mit in der Limousine, als wir zum Hotel fuhren, telefonierte und sagte: „Ich soll Ihnen ganz liebe Grüße von meinem Großvater sagen." Ich war verblüfft und fragte: „Wer ist Ihr Großvater?" Und sie: „Michail Gorbatschow. Und er hat mir versprochen, heute Abend zur Show zu kommen und Sie zu treffen." Und das hat er dann tatsächlich gemacht. Bei dem Fernsehevent haben wir uns backstage kurz wieder gesehen und gesprochen. Und er saß dann, als wir auf der Bühne standen und gespielt haben, in der ersten Reihe, und man sah, wie emotional das für ihn war.

Also, viele schöne Erinnerungen wie auch die in Berlin, das war bei „25 Jahre Mauerfall". Oder auch 2019, das ist gar nicht so lange her, als wir in Moskau gespielt haben und ich ihn einladen wollte. Leider war er da gesundheitlich schon sehr angeschlagen. Aber es gab trotzdem ein Treffen in der Gorbatschow-Stiftung. Lech Wałęsa war auch dort und beide lieferten sich hitzige Wortgefechte im positiven Sinne, bei denen die Dolmetscher kaum mit dem Übersetzen hinterherkamen. Auch wenn er gesundheitlich schon angeschlagen war: Er hat mich in den Arm genommen: „Wie geht es dir?" Ich sagte: „Gut." Er sagte: „Was? Nur gut?" Ich: „Sehr gut!" Er: „Ja, genau. Sehr gut."

Und es war schön, ihm zum 30. Mauerfall-Jubiläum persönlich zu danken für all das, was er für uns Deutsche getan hat: Da war diese unblutige Revolution, die nur Realität wurde, weil die russischen Panzer in den Kasernen geblieben sind.

Seinen Humor, den mochte ich. Wenn ich bei ihm vor etwas Respekt hatte – dann waren das sein Mut und die Ausdauer, mit denen er Ziele verfolgte und umsetzte, und das mit einem Lachen im Gesicht und während er eine gute Seele blieb. Er hat ja sehr viel Haltung, gerade im eigenen Land, gezeigt. Bis zuletzt hat er in Russland sehr damit zu kämpfen gehabt, dass er in der Bevölkerung nicht so angesehen war wie hier bei uns im Westen.

Als Gorbatschow starb, war ich gerade in den USA auf Tournee und zwischen Detroit und Chicago on the road im Tourbus. Als ich die News im Netz gelesen habe, hat mich das sehr traurig gemacht und ich dachte an unser letztes Treffen am 5. November 2019 in Moskau in der Gorbatschow-Stiftung.

Ja, man kann das aus meinen Worten unschwer heraushören: Ich habe ihn gemocht. Sehr. Und ja, natürlich vermisse ich ihn, wie man gute Freunde vermisst. Er hat ein langes Leben und auch ein sehr erfülltes Leben gehabt. 91 Jahre, das ist ein stolzes Alter. Glasnost und Perestroika waren sein Lebenswerk. Und obwohl er nicht alles umsetzen konnte und es bestimmt auch viele kritische Stimmen gab und gibt: Wir haben ihn aus einer anderen Perspektive kennengelernt. Wir sind Künstler und Musiker, auf die er zugegangen ist. Ich werde ihn nie vergessen, auch weil er mir wie einem Freund begegnet ist. Gefühlt waren wir per Du.

Norbert Koch-Klaucke, *Reporter, Berlin*

Reden wir doch miteinander

Das erste Mal persönlich getroffen habe ich Michail Gorbatschow am 2. März 1998 in Hellersdorf im Kienberg-Viertel, wo heute die Gärten der Welt sind. Hellersdorf liegt im Osten von Berlin und wurde 1985 in der DDR als Plattenbau-Großsiedlung gebaut. Das Viertel mit 196 Wohnungen und 14 Gewerbeeinheiten war nach der Wiedervereinigung Deutschlands ein ausgewählter Wohnblock, der als Pilotprojekt nach ökologischen Gesichtspunkten umfassend saniert und neugestaltet wurde.

Gorbatschow kam dorthin, weil ihn eine Wohnungsbaugesellschaft eingeladen hatte, und wollte sich anschauen, was im vereinten Berlin mit dem DDR-Erbe der Plattenbauten passierte. Ob man die Plattenbauten nun herunterwirtschaftete, wie das in der ehemaligen Sowjetunion der Fall war, oder ob man damit andere Pläne hatte wie Rückbau, Sanierung: Gorbatschow wollte das sehen und war neugierig.

Ich weiß gar nicht, in welcher Funktion er in Hellersdorf war. Gorbatschow hatte sich, so erzählte er später, mit dem Thema Sanierung beschäftigt und stand in einer Beziehung zum Städtebau in Moskau, wo er vermutlich beratend tätig war – ich weiß das nicht mehr so genau. Jedenfalls hatte die Wohnungsbaugesellschaft ihn auf seinen Wunsch hin eingeladen und er war mit Raissa gekommen.

Durch Zufall hatte ich von dem Besuch erfahren. Wie war denn das noch? Ich meine, einer der Pressesprecher der Wohnungsbaugesellschaft hatte das durchsickern lassen, in unserer Redaktion angerufen und gesagt: „Kommt doch mal vorbei." Ich fuhr dann mit einem Fotografen hin, war aufgeregt – ich meine, Gorbatschow war letztlich für mich immer noch ein Staatsmann einer Supermacht und damit einer der mächtigsten Männer der Welt gewesen. Und dann stand er da: Gorbatschow im Mantel, mit seiner Schiebermütze auf dem Kopf. Ich hatte ihn mir größer vorgestellt. Er war in Wirklichkeit so um die 1,70 Meter, also genauso groß wie ich, und strahlte, lachte, war guter Dinge und freute sich, dass noch ein paar Leute kamen. Dann gab es noch zwei Bodyguards, die hielten sich im Hintergrund.

Ich ging auf Gorbatschow zu, denn irgendeiner aus dem Tross der Wohnungsbaugesellschaft hatte gesagt: „Gorbi hat heute seinen 67. Geburtstag." Ich kramte mein Schulrussisch raus und sagte: „Ja pozdrawlaju tebja s dnom roschdenija! Ich gratuliere dir zum

Geburtstag." Ich hatte ihn geduzt. Das fiel mir dann auch auf und ich dachte: Ach du ... Ich wusste nicht, ob es im Russischen eine Siez-Form gibt. Also: Es war respektlos gewesen, eine Persönlichkeit wie Gorbatschow einfach so zu duzen. Ich glaube, er hat meine Aufregung gemerkt, guckte mich so an, grinste, lachte, sagte: „Spassibo", und da war das Eis gebrochen. So kamen wir ins Gespräch. Es war ein Aufeinandertreffen, als ob man sich schon ewig kannte.

Gorbatschow hatte eine Dolmetscherin dabei und ich habe mich als Reporter des „Berliner Kurier" vorgestellt und fragte ihn, warum er gerade in Hellersdorf sei. Er sagte dann, dass ihn das sehr interessieren würde, wie wir in Berlin mit den sozialistischen Plattenbauten umgehen würden, und erzählte, wie es in Moskau sei und dass er selbst mal in einem Plattenbau eine Wohnung gehabt hätte. Vier Zimmer, also auch nicht riesig.

„Ich staune, was ihr hier macht", sagte Gorbatschow. „Hier wird saniert, hier werden Fassaden bunt gestrichen – ihr erhaltet das Alte und macht etwas Neues daraus." Und offenbar, meinte er, würden die Menschen auch gerne hier wohnen. Hier würde Geld investiert, während in Moskau die Dinger abgerissen werden. Dort lasse man die Plattenbauten verkommen, verfallen und weg damit.

Dann kamen wir wieder zurück auf seinen Geburtstag und Gorbatschow fragte mich, ob ich die schon gesehen hätte, hier, „die tolle Krawatte". Er öffnete seinen Mantel und zeigte mir strahlend den neuen Schlips und sagte: „Den hat Raissa mir geschenkt." Und sie sah mich mit leuchtenden Augen an und sagte: „Schauen Sie doch mal. Das passt doch wunderbar zu seinem Schal."

Das war schon eine sehr persönliche Unterhaltung mit Gorbi. Ich dachte: So habe ich ihn mir nie vorgestellt. Andererseits kam das meinem Bild, das ich von ihm hatte, ziemlich nah: ein Mensch, der auf andere zugeht. Der versteht, mit ihnen umzugehen, obwohl er sie gar nicht kennt. Herzlich zu sein, keine Angst vor Menschen zu haben und einem die Angst zu nehmen, so seinem Gegenüber das Gefühl zu geben: Ich bin auch nur ein Mensch. Reden wir doch miteinander, egal, wer ich mal war oder wer ich heute bin. Ich unterhalte mich jetzt mit dir.

Weil das alles auf der Straße passierte, bekamen auch Passanten mit, wer da eigentlich auf dem Gehweg stand. Die hatten das zuerst gar nicht mitgekriegt oder rätselten: Ist er es? Oder ist er es nicht? Was macht denn Gorbi hier? Als relativ kleine Person verschwand Gorbatschow zuerst in der Menge. Dann merkte er, wie die Blicke der Passanten neugieriger wurden, und er ging auf die Menschen zu, um ihnen „Guten Tag" zu sagen. Die Bodyguards wollten schon ein bisschen dazwischengehen, doch Gorbatschow wies sie zurück.

Auf die Leute ist er zugegangen, hat mit ihnen ein paar Worte geschnackt, die Dolmetscherin übersetzte – das war diese Herzlichkeit, die ich nie vergessen werde, bei allem anderen, was diesen Mann ausgemacht hat; er hatte ja auch seine Schattenseiten. Aber das vergisst man in so einem Moment. Er hatte so eine unbeschreibliche Ausstrahlungskraft. Wir alle waren beeindruckt.

Gorbatschow ging dann durchs Viertel, schaute sich das an und stellte viele Fragen. Ich habe nicht mehr so richtig zugehört, denn die Wohnungsbaugesellschaft musste ihre Lobhudelei ja auch loswerden. Aber ich erinnere mich noch an einige Fragen, die Gorbatschow stellte. Wie die Menschen dort, in Hellersdorf, lebten, wollte er wissen. Ob die Mieten teurer geworden seien? Wie das Leben eigentlich sei und was es mit sich bringe, wenn man viel Geld in die Sanierung investiert.

Man hat ihm gesagt, dass vor den Sanierungen die Mieten gestiegen seien. Ich meine, was hat eine Zwei-Raum-Wohnung pro Monat zu DDR-Zeiten gekostet? 30 DDR-Mark, 40 DDR-Mark? Da hat sich doch nie einer einen Kopf darüber gemacht, wenn er eine solche Wohnung hatte. Das waren privilegierte Häuser. Die hatten warmes Wasser, du hattest ein Bad in der Wohnung und die Toilette nicht mehr auf halber Treppe wie in einer Mietskaserne. Man nannte die Häuser zwar Arbeiterschließfächer, weil man da eng wohnte. Die Wände waren nicht die dicksten und man hat mitbekommen, was der Nachbar gerade macht. Aber: Plattenbau war Luxus in der DDR. Man kannte das nicht anders. Und Gorbatschow kannte das auch nicht anders.

Wir sind da rumgelaufen, der damalige „Kurier"-Fotograf Thomas Uhlemann machte seine Bilder. Zwischendurch kamen Gorbatschow und ich immer wieder ins Gespräch. Er fragte, wie es mir gehe. Er wollte Persönliches wissen und fragte, woher ich käme und ob ich aus dem Westen des Landes sei. Ich sagte: „Nein", und dass ich in der DDR aufgewachsen bin. Gorbatschow wollte wissen, wie ich Journalist geworden sei, und ich erzählte ihm, dass ich vorher etwas anderes gemacht hatte. Ich hatte in der DDR Elektronik-Facharbeiter gelernt und ein Ingenieurstudium angefangen. Dabei wollte ich immer Journalist werden, aber das ging, jedenfalls für mich, in der DDR nicht. Staatstreue hat mir nicht gelegen und das hätte man meiner Meinung nach als Journalist im Osten sein müssen. Ich erzählte Gorbatschow, dass ich nach der Wiedervereinigung meinen alten Beruf hingeschmissen hatte und auch nicht mehr studieren wollte, sondern als Journalist anfing und beim „Berliner Kurier" landete. Ich glaube, er wollte auch wissen, wie Zeitungen arbeiten. Ob man denn wirklich so frei berichten könne und was ich denn über seinen Besuch schreiben würde, das wollte er auch wissen. „Na", sagte ich, „das, was hier passiert ist."

Eigentlich hatte ich einen Privattermin mit ihm – andere Kollegen bis auf jemanden von der „Berliner Zeitung" waren nicht da.

Ich meine, das Ganze war schon für mich eine Überraschung: Da kommt Gorbatschow zu Besuch nach Hellersdorf, um sich von einer Wohnungsbaugesellschaft durch den Kiez führen zu lassen – und das an seinem Geburtstag! Es gibt wirklich andere Möglichkeiten, seinen Geburtstag zu feiern, als mittenmang von Plattenbauten. Was mich am meisten überraschte: Gorbatschow hatte wirklich ein großes Interesse daran, wie die Menschen dort leben und wie sie sind. Und er hatte auch keine Scheu zu sagen, als er plötzlich ein Problem hatte. Man stelle sich nur vor: Da stehst du mit einem sehr persönlichen und dringenden Anliegen mitten in Hellersdorf auf der Straße und weißt nicht, wo du da auf eine Toilette gehen sollst?

Alle haben überlegt und ob man in ein Haus hineingehen, bei einem Mieter klingeln und fragen soll, ob Herr Gorbatschow mal die Toilette benutzen könne. Dann war da eine Fahrschule. Fotograf Uhlemann ging also in „Dirks Fahrschule" und sagte: „Wir haben da mal ein Problem. Draußen steht Herr Gorbatschow und …" Der Fahrlehrer guckte, als ob man ihn veralbern wollte, und fragte sich vermutlich: „Wo ist die versteckte Kamera?" Er sah dann aber, dass es ernst war, und hat ihn hereingelassen. Danach nahm Gorbatschow einen Edding, schrieb an die Wand „Spassibo" und seinen Namen mit Datum. Leider gibt es die Fahrschule an dieser Stelle nicht mehr. Das Haus ist abgerissen worden, und damit ist auch das Autogramm weg.

Die Begegnung mit Gorbatschow – ich war beeindruckt. So ein herzliches und persönliches Miteinander habe ich noch nie bei einem Prominenten und schon gar nicht bei einem Politiker erlebt. Wenn heute jemand wie Obama durch die Gegend fährt, dann tut er das, um viel Geld zu verdienen, und ist unnahbar. Die gehen zu irgendwelchen Geschichten, treffen sich mit Schulklassen. Alles ist minutiös durchgetaktet, alles ist abgesprochen und Geheimdienstleute und alles, „was Ohren hat", ist mit dabei, damit bloß nichts passiert. Und Gorbatschow steht da. Mitten in Hellersdorf. Dem war das wurscht. Attentat hin, Attentat her – der stand da unter Menschen als Mensch und nicht als „hohes Tier".

Das hat mich daran erinnert, wie das 1989 in der DDR war, als er am 7. Oktober zum 40. Jahrestag der DDR kam. Klar war da mehr Sicherheit unterwegs, als man sich hätte wünschen wollen. Und er ging auf das Volk zu, er war bei den Leuten, die „Gorbi, Gorbi!" riefen. Das war auch ein Grund, warum ich im Sommer 1989 nicht aus der DDR abgehauen bin. Ich dachte, da tut sich was. Da ist jemand, der uns die Kraft gibt und das Vertrauen: Wenn da was an Veränderungen passiert beim „großen Bruder", können die DDR-Oberen auf Dauer nicht ignorieren, dass sich auch bei uns im Land etwas ändern muss.

Gorbatschow hatte Honecker noch nicht mal sitzen oder ins offene Messer laufen lassen. Er hatte ihn gewarnt. Er hat versucht, ihn von Glasnost und Perestroika zu überzeugen. Aber auf den „großen Bruder Sowjetunion" wollte die DDR-Staatsmacht plötzlich nicht mehr hören. Ich erinnere mich noch genau an das Foto von der Tribüne während der Parade, wo sie alle zusammenstanden und Gorbatschow gelangweilt auf die Uhr schaut, so nach dem Motto: Wie lange dauert das denn noch hier? Und dann so ganz anders, wie er zum Beispiel in Stuttgart war. Da wurde der doch gefeiert wie ein Popstar. Als wenn Michael Jackson unterwegs gewesen wäre.

Das haben wir im Osten doch auch gesehen. Wir haben die Bilder im Westfernsehen gesehen und haben gesagt: Da passiert was! Gorbi wird nicht gegen unser Volk einschreiten und er tat es auch nicht. Man denke nur an die Nacht vom 9. November 1989. Da hätte doch alles passieren können, als die Menschen in Berlin an den Grenzübergängen standen und forderten, dass man die Tore aufmachen sollte. Aber die sowjetischen Kasernen blieben zu, kein Panzer rollte Richtung Mauer. Es gab keinen zweiten 17. Juni in der DDR. Moskau hat geschwiegen. Das war ja die neue Maxime: Wir mischen uns nicht in die Angelegenheiten anderer Staaten ein. Und damit war klar: Gorbatschow ließ die Dinge so laufen, wie sie liefen. Und wir: Wir hatten keine Angst mehr vor Moskau.

Davor war ich mit einem Studienfreund in Georgien gewesen und wir wurden von Einheimischen angesprochen, ob wir nicht raus aus der Reisegruppe und über die Grenze zur Türkei abhauen wollten. Man wusste nun nicht, wer von der „Firma", also von der Stasi, da war und mithörte. Oder ob das ein Trick war. Ich weiß noch, dass ich mit meinem Freund an einem Ort, wo uns keiner hören konnte, die ganze Nacht lang darüber sprach, ob wir das machen sollten oder nicht. Letztlich wäre es am Geld gescheitert, denn: Wo willst du so schnell Geld herbekommen, obwohl keine Summe genannt worden war? Und was passiert dann? Dann bist du in der Türkei und wärst wieder zurückgeschoben worden. Vielleicht war das auch eine Falle gewesen? Am Ende waren wir dann der Meinung, dass das, was in der DDR gerade mit der beginnenden Friedlichen Revolution passierte, die Chance für einen Neuanfang ist. Gehen hätten wir immer noch können. Viel wichtiger war für uns, dazubleiben und zu sehen, was sich im Land verändert und ob man die Chance hat, mitzumachen.

Was ich an Gorbatschow zuerst mochte: endlich ein Junger! Da waren doch in der Sowjetunion bisher nur alte Männer an der Macht gewesen. Ich erinnere mich noch, als Breschnew starb. Sein Tod wurde einen Tag später, am 11.11.1982, offiziell verkündet, und in meiner Schule kam der Direktor in unsere Klasse mit ernster Miene in den Unterricht und sagte: „Heute wird kein Karnevalsscherz mehr gemacht. Breschnew ist tot!" Dann kamen Andropow und Tschernenko an die Reihe: alles KGB-Leute, wo die Witze in der DDR rumgingen: „Wann geht bei denen die Batterie vom Herzschrittmacher aus?" Die alte Garde saß da, steif und fest.

Jeder wusste doch: Diese Leute würden nichts ändern. Das wird doch alles nur noch schlimmer, noch starrer und wo führt das hin? Man darf nicht vergessen: In jener Zeit war der Höhepunkt des Kalten Krieges. Im Westen standen die Pershing II-Raketen, dank des NATO-Doppelbeschlusses. Da habe ich mich über Helmut Schmidt geärgert, dass er als SPD-Mann und als damaliger Bundeskanzler dafür stimmte. Heute denke ich, dass es der einzige richtige Weg gewesen war. Denn im Osten hatte man die sowjetischen SS-20-Raketen in Stellung gebracht. Du warst in Deutschland umringt von Atomraketen. Und wenn dann irgendein Irrer auf den Knopf drückt, drückt der nächste auch. Das wäre doch dazu gekommen. Und die Angst davor war bei den Menschen im Osten und im Westen da. Das war so.

Und dann kam plötzlich Gorbatschow und er nahm einem die Angst, weil er wirklich vorhatte, diese Situation zu ändern. Man hat es dann auch gesehen: Wer miteinander redet, auf den schießt man nicht. Es gab ein Vertrauen. Es schien damals schon der Eiserne Vorhang zu fallen. Die westlichen Staatschefs sind auf Gorbatschow zwar zögerlich, aber mit Vertrauen zugegangen. Das war nicht so wie bei Willy Brandt und Breschnew, wo man für das Foto gelacht hat. Vielleicht haben die sich auch gut verstanden, mag ja sein. Aber das mit Gorbatschow war mehr. Da wollte jemand den Kalten Krieg beenden.

Das ging mit den Abrüstungsvorschlägen schon los. Die kamen von Gorbatschow und dafür wurde er noch von der DDR-Führung in der DDR-Staatspresse gelobt, so nach dem Motto: „Guck mal, wir! Wir machen den ersten Schritt." Dabei musste Gorbatschow abrüsten. Er wusste, was im eigenen Land passierte, was wir ja nie gesehen haben. Wir haben ja immer nur die schönen Seiten vom „großen Bruder" zu sehen bekommen: seine technische Überlegenheit, den Fortschritt – und das alles gab es am Ende gar nicht mehr. Die Sowjetunion hatte sich tot gerüstet. Das ganze Geld ging in die Rüstung und die Menschen standen Schlange vor den Geschäften, um Lebensmittel zu bekommen.

Als ich 1989 in Georgien war, habe ich solche Szenen erlebt. Wir saßen im Hotel und haben uns satt gegessen. Und die Menschen draußen bekamen kaum Fleisch oder Wurst in den Läden. Und das Ganze in einem noblen Badeort. Da habe ich das erste Mal gesehen, was in der Sowjetunion wirklich ablief. Das war nicht der „große Bruder", der überall glänzte. Den Leuten ging es schlecht. Das war die bittere Wahrheit.

Die Menschen in der Sowjetunion wollten heraus aus dieser Lage, heraus aus diesem System. Dazu kam noch, dass die Menschen aus den nichtrussischen Republiken nach über 70 Jahren Sowjetdiktatur endlich frei und unabhängig von den Kreml-Machthabern sein wollten. Und das mache ich Gorbatschow zum Vorwurf: Er hat versucht, diesen Wunsch zu ignorieren.

Gorbatschow hat die Freiheit, die er uns zugestanden hatte, nicht für die Republiken der Sowjetunion vorgesehen. Als die sagten, Glasnost und Perestroika nehmen wir wörtlich und den Freiheitsgedanken, den setzen wir auch um, und sie erklärten: „Wir wollen nicht mehr von Moskau zentral regiert werden. Wir wollen unser Schicksal selbst in die Hand nehmen" – dass Gorbatschow die Freiheit nicht auch den Menschen in seinem Machtbereich zugestanden hat, das mochte ich nicht an ihm. Und dass er das leider auch mit Gewalt gezeigt hatte. In Georgien rollten die Panzer, es gab Tote auch im Baltikum: Das alles passte nicht ins Bild, das ich von Gorbatschow hatte. Wenn du einem die Freiheit gibst, dann musst du allen die Freiheit geben. Ich weiß nicht, ob sein Handeln eigener Wille oder der Druck des Apparates war: Aber er hätte letztlich die Entscheidung treffen können, dass keine Panzer rollen.

Der Einfluss, den er auf mein Leben und auch auf das von vielen anderen hatte, ist immens. Ich war 23 Jahre alt, als der Eiserne Vorhang fiel, und mir stand das Leben offen. Ich hatte Hoffnung und habe meine Chance genutzt. Für die Älteren, wie auch für meine Eltern, war das zwar in Ordnung und eine richtige Folge, aber für einen Neuanfang waren sie zu alt. Für andere, die in der DDR ihr Ideal gesehen haben und für die der Kommunismus ein Lebensziel und damit heilig war, ist eine Welt zusammengebrochen. Sie geben bis heute Gorbatschow die Schuld daran und machen daraus auch kein Geheimnis: Für sie ist Gorbatschow ein Verräter an der sozialistischen Idee, am sozialistischen Zusammenhalt. In ihrer Welt hat er ein Tabu gebrochen und den Imperialisten Tür und Tor geöffnet. Das ist in ihren Augen Verrat.

Das muss man sich heute wirklich einmal vor Augen führen: Die Regierungen des Ostblocks sind die ganze Zeit immer dem gefolgt, was Moskau befohlen hat. Und sogar dann, wenn sie andere Wege gehen wollten wie zum Beispiel die Tschechoslowakei mit dem Prager Frühling. Da kamen die Sowjets mit Panzern! Oder man beugte sich stets dem Willen des Kremls. Ulbricht zum Beispiel, der wurde sehr oft nach Moskau zitiert und er hat ja auch nicht freiwillig sein Amt verlassen. Dann kam Honecker und wir hatten wieder so eine Hoffnung. Endlich ein Jüngerer, ein Dynamischer: Das sah alles anfangs gut aus und wurde am Ende auch wieder nichts. Diese Angst hatten wir in der DDR bei Gorbatschow übrigens auch: Anfangs gibt er den Menschen die Hoffnung auf Veränderungen und dann bleibt doch alles so, wie es war.

Aber Gorbatschow sprach nicht nur von Veränderungen und Transparenz in der Gesellschaft, er setzte sie auch um. Die offene Kritik am sozialistischen System, die Nennung von Fehlern, die man jahrelang begangen hatte: Das, was da nun auf einmal aus Moskau zu hören war – mit so etwas hatten die DDR-Machthaber nicht gerechnet. Man muss sich vorstellen: Die Zeitschriften aus der Sowjetunion, die wurden in der DDR plötzlich verboten wie die Westpresse. Das Magazin „Sputnik" durfte nicht mehr erscheinen, weil in den Beiträgen nun offen über die Geschehnisse in der Sowjetunion berichtet wurde. Es gab keine Zensur mehr. Es wurde sich offen mit der sozialistischen Gesellschaft auseinandergesetzt und nichts mehr beschönigt. Diese Freiheit wollten wir auch in der DDR haben. Diesmal wollten wir wirklich von der Sowjetunion lernen. Das war nicht mehr der ausgeleierte Spruch: „Von der Sowjetunion lernen heißt siegen lernen." Wir wollten das wirklich.

Ich erinnere mich noch sehr genau, wie an Pfingsten 1989 die Band Silly auf der Freilichtbühne Weißensee bei „Rock am Weißen See" ein Konzert gab und die Sängerin Tamara Danz ganz provokativ bei ihrem Auftritt einen Gorbatschow-Sticker trug, so, dass man ihn auch bestimmt nicht übersehen konnte. Nein, wir waren eine verschworene Gemeinschaft in der DDR von Gorbatschow-Fans und deswegen sind viele auch in dem Land geblieben. Unsere ganze Hoffnung lag bei einem Mann, egal, was passiert. Man denke doch nur an die Montagsdemonstrationen in Leipzig, die man mit Gewalt versuchte, zu verhindern. Die Menschen gingen dennoch zu Zehntausenden auf die Straße. Am Ende haben sich weder Honecker noch Mielke mehr getraut, die Waffen auf das eigene Volk zu richten.

Wir wollten das Land verändern. Wir wollten eine wirkliche deutsche und vor allem demokratische Republik mit freien Wahlen. Wir wollten nicht mehr unter dem Diktat einer Clique leben. Das war eine Diktatur. Ich will jetzt nicht respektlos sein: Es waren ja auch einige im Politbüro darunter, die haben in der Nazi-Zeit im KZ gesessen. Ich will ihnen gerne glauben, dass sie auch anfangs vorhatten, ein neues und friedliches Deutschland zum Wohle aller aufzubauen. Und der Kommunismus schien ihnen der richtige Weg dafür zu sein. Aber man darf keinen Menschen mit aller Macht dazu zwingen, zumal sich dieser Weg am Ende auch nicht als der richtige erwies und sehr vielen Menschen das Leben kostete.

Weniger als neun Jahre nach dem Mauerfall, bei dem Termin in Hellersdorf, habe ich Gorbatschow gesagt, dass ich sehr dankbar bin, dass es ihn gegeben hat. Dass er den Mut hatte, was zu verändern. Dass er es wirklich vorhatte und es auch getan hat, trotz der Konsequenzen für ihn und für seine Familie. Was zum Schluss in der DDR passiert ist, die Friedliche Revolution, die wäre ohne ihn vielleicht gar nicht so ins Laufen gekommen und ruhig zu Ende gegangen.

Von seinem Tod am 30. August 2022 erfuhr ich durch Zufall, als ich noch kurz vor Mitternacht ins Internet schaute. Auf Google lief die Nachricht „Gorbatschow ist tot" als Spitzenmeldung. Ja gut: Man hat damit rechnen können. Schließlich war Gorbatschow sehr krank. Dann wollte ich mehr wissen und habe weiter geschaut. Es liefen die Lebensläufe, aber ich habe sie dann doch nicht mehr gelesen. Ich saß nur da vor meinem Computer und weinte und dachte an den Tag in Hellersdorf.

Schlafen können habe ich in der Nacht nicht richtig und dachte: Du schreibst morgen was. Ich wäre mit einer Kolumne dran gewesen. In der Redaktionskonferenz habe ich dann vorgeschlagen: Ich mache die Kolumne zum Thema Gorbatschow. Mein Chefredakteur sagte dann: „Nein. Schreib, was du denkst und fühlst, und wir machen das dann richtig als Nachruf."

Was sollte ich da schreiben? Mein Leben wäre ohne Gorbatschow nicht so gelaufen. Ich hätte meine Frau nicht kennengelernt, die aus dem Westen Berlins stammt. Ich wäre kein Journalist geworden – und ich wäre Gorbatschow niemals in Hellersdorf begegnet. Das Wichtigste aber: Ohne Gorbatschow hätte ich nie die Möglichkeit erhalten, zu wissen, was das Wort Freiheit wirklich bedeutet: frei und ohne Angst seinen eigenen Weg gehen zu können.

Wir haben Gorbatschow viel zu verdanken und wir können von ihm lernen, auch von seinen Fehlern. Das ist wichtig, dass auch so ein Mann nicht ohne Fehler ist. Das muss doch jedem klar sein und deswegen bin ich auch nicht enttäuscht, dass er Fehler gemacht hat. Die gehören zum Leben dazu.

Heute vermisse ich ihn als Mahner in einer Welt, in der es so scheint, als wenn alles in Richtung Krieg geht. Zum Schluss hat man ja auch nicht mehr auf ihn gehört. Er hat bei seinem eigenen Volk keinen Rückhalt gehabt, da ist er nach wie vor ein Verräter. Und das macht mich sehr traurig.

Oxana Grinberg
Juristin/Freundin
Berlin/Moskau

Ein MENSCH in großen Buchstaben

Als mein Mann und ich 2014 zusammenkamen, telefonierte Ruslan eines Abends mit Gorbatschow und ich saß dabei neben ihm. Gorbatschow war irritiert und fragte: „Wer ist denn da? Ich höre da doch was im Hintergrund? Mit wem bist du zusammen? Was ist da los?" Ruslan antwortete, er habe eine Freundin, und Gorbatschow fragte: wer und was und wie und so. Er hat sich wirklich interessiert und sagte, Ruslan solle mich das nächste Mal, wenn sie sich träfen, mitbringen.

Kurze Zeit darauf rief Michail Sergejewitsch Ruslan an und schlug vor, er wolle mit uns essen gehen. Das Restaurant war nicht weit von seinem Haus entfernt in dem Vorort von Moskau, der Rubljowka. Es war August oder September, ich weiß es nicht mehr so genau, er konnte damals schon sehr schlecht gehen und brauchte Unterstützung. Außer uns waren noch Dmitri Muratow und Alexej Wenediktow dabei.

Alle Mitarbeiter des Restaurants begrüßten ihn, lachten ihn an und freuten sich, dass Michail Sergejewitsch da war. Er war sehr offen und erzählte viel über seine Kindheit. Er sprach über seine Großeltern und wie sein Leben in seinem Dorf war. Es war ein sehr angenehmer Abend und ich habe mehrere Fotos gemacht. Ein bestimmtes Foto, das mir sehr wichtig ist, zeigt mich zwischen Michail Sergejewitsch und Dmitri Muratow, zwei Friedensnobelpreisträgern. Damals war ich 40 Jahre alt und mit unserer Tochter schwanger. Dieses Treffen hatte für mich eine sehr große Bedeutung, denn Gorbatschow war der Mann, der uns die Freiheit geschenkt hat.

Je mehr ich Ruslan kennenlernte, desto mehr habe ich über die Rolle von Gorbatschow erfahren und den Reformprozess immer besser verstanden. Als Jugendliche war ich für Jelzin gewesen. Das war damals selbstverständlich für mich. Als ich dann Michail Sergejewitsch noch besser kannte, verglich ich ihn mit unserem heutigen System und Präsidenten. Und da sah ich diesen Riesenunterschied: auf der einen Seite ein intelligenter Mann, der für sein Land, für sein Volk und für die Welt wirklich viel bewegt hatte, und auf der anderen Seite ein mafiöses System. Gorbatschow liebte sein Volk mehr als die Macht!

Ich bin Rechtsanwältin und habe mein Leben lang in Anwaltskanzleien – deutschen und auch amerikanischen – gearbeitet. Mein ganzes Berufsleben über haben wir immer über „Business in Russia" gesprochen. Schon 2016 war mir klar, dass dieses ganze Gerede über Investitionsklima nicht mehr ist als, sagen wir, ein kleiner Ort, wo Schafe stehen. Ein Schafstall, dazu geschaffen, damit staatliche Organisationen sich dort bedienen konnten, und nicht etwa, um das Leben der Menschen zu verbessern und das Land zu entwickeln.

Und dann sah ich plötzlich Gorbatschow und seine Werte. Für ihn kam es noch nicht mal infrage, an sich zu denken. Ich konnte nicht glauben, dass es so einen Menschen in Wirklichkeit gibt.

Kurz danach lud er uns zu sich nach Hause ein. Ich war aufgeregt. Ich war noch nie in der Gegend von Rubljowka gewesen. Ein Wagen holte uns in der Mitte einer Straße ab und wir fuhren ihm hinterher in einen geschlossenen Weg.

Es faszinierte mich, wie bescheiden er lebte. Das Haus ist vermutlich in den 1970er oder 1980er Jahren fertiggestellt worden und war damals etwas Besonderes. Im Gegensatz zu den großen Häusern, die jetzt gebaut werden, ist es ein kleines Anwesen von etwa 250 Quadratmetern, verteilt auf zwei Etagen. Es war nicht protzig, überhaupt nicht, sondern nur funktional eingerichtet. Mein erster Gedanke, als ich das sah: Ich schämte mich, dass unsere Machthaber nicht mehr für ihn taten.

Es gab einen sehr großen, schönen, aber bewachten Garten mit einem Bach. Da war viel Platz zum Spazierengehen. Dort war er auch mit seiner Frau Raissa viel unterwegs gewesen. Gorbatschow erzählte, dass er über alles Wichtige mit Raissa nur auf ihren täglichen Spaziergängen sprach, damit niemand zuhören konnte. Sie wussten, dass sie ihr ganzes Leben lang abgehört wurden.

Er hat uns ein wenig im Haus herumgeführt. Wir waren in seinem Arbeitszimmer, wo auch noch der Schreibtisch von Raissa stand. Er hatte auch nach ihrem Tod nichts verändert. Ich sah viele Stapel von Zeitungen, von Papier. Viele Räume wurden bereits für medizinische Zwecke genutzt. Es war wie im Krankenhaus. Mein zweiter Gedanke, als ich das sah, war die Einsamkeit, in der er lebte. Auch wenn sicher ab und zu Freunde zu Besuch kamen. Das habe ich sofort gemerkt. Mich hat seine Einsamkeit geschmerzt.

Seine Tochter Irina sprach das auf der Beerdigung auch an. Sie sagte, sie habe als Tochter alles getan, was in ihren Möglichkeiten stand. Ich nehme an, dass auch ihr Leben im Schatten der Persönlichkeit ihres Vaters nicht leicht war.

Zum Mittagessen gab es Borschtsch und wir haben viele Stunden zusammen verbracht. Später sprach Michail Sergejewitsch mit Ruslan, während ich im Garten spazieren ging. Der Garten war offen angelegt und vom Flussufer aus konnte ich in das Haus schauen. Alles war so anspruchslos. Nein, für diesen Mann hätte der Staat mehr machen können und mehr machen müssen!

Dann feierte mein Mann seinen 70sten Geburtstag und lud Gorbatschow dazu ein. Das war alles sehr aufregend; ich hatte nicht gedacht, dass er in seinem Zustand kommen würde! Er kam und blieb den ganzen Abend. Die Feier dauerte sechs Stunden und er saß die ganze Zeit neben mir. Er war mein Tischherr und das war sehr schön. Er erzählte viel, auch über Russland, und war daran interessiert, was ich sagte, fragte, wie es mir ging. Ich war damals im siebten Monat schwanger und dachte, dass das für einen Mann wie ihn, der viele Geburtstage besuchte, doch irgendwann sehr ermüdend sein müsste. Aber selbst wenn das so gewesen wäre, hat er das nicht gezeigt.

Zu Nikas Geburtstag schickte er uns ein Kleid von Ralph Lauren, das für ihr Alter noch viel zu groß war. Über seine Geste habe ich mich dennoch sehr gefreut. Ich bin nicht sicher, ob Nika es irgendwann mal tragen wird. Aber wir werden es in Ehren halten.

Später haben wir uns noch mal in einem Restaurant getroffen und gemeinsam von einem Teller gegessen. An dem Abend hat er viel gesungen. Er hatte eine gute Stimme, sang ukrainische Lieder und erzählte auch von sich.

Wenn Michail Sergejewitsch mit meinem Mann telefonierte, fragte er immer nach mir, nach meinem Befinden und richtete mir schöne Grüße aus. Er gab mir damit das Gefühl, dass er mich schätzte und mich mochte. Ich hatte einen Platz in seinem Leben und das war für mich so ungewöhnlich: Wer war denn ich im Vergleich zu ihm?

Ich bin in den 1990er Jahren in bescheidenen Verhältnissen bei meiner Großmutter und meiner Mutter aufgewachsen. Meine Großmutter war Wissenschaftlerin, meine Mutter Kernphysikerin. Eine Familie von Wissenschaftlerinnen war in der Sowjetunion gleichbedeutend mit kein Geld! Mir war klar, dass ich für die finanzielle Seite sorgen musste, und das habe ich auch getan.

Ich studierte Jura und lernte Deutsch. Dank der Perestroika konnte ich auch ins Ausland reisen. Ich wollte frei sein, schon in der Schule war Freiheit für mich immer sehr wichtig. Und mit Gorbatschow entstand in unserem Land erstmals so etwas wie eine unabhängige Justiz.

Mit den großen Veränderungen spielten anfangs materielle Dinge und Konsum in meinem Leben natürlich eine große Rolle. Wie alle anderen russischen jungen Frauen wollte auch ich nur shoppen: Gucci! Louis Vuitton! Das war für mich damals die einzige Möglichkeit, Spaß zu haben. Ich war immer karriereorientiert und habe zum Beispiel keine Erinnerungen an die ersten Jahre meiner ersten, jetzt 25-jährigen Tochter. Keine Kinderveranstaltungen, keine Ausflüge: Ich habe nur gearbeitet.

Dann begegnete ich Gorbatschow und sah, dass es auch andere Werte gibt, dass man unterscheiden muss zwischen primitiven und menschlichen Werten. Ich habe verstanden, dass zusammen Frühstücken einen höheren Wert haben kann als eine Veranstaltung des Rechtskomitees. Das war für mich ein Erlebnis. Ein Gerichtstermin ist möglicherweise nicht so wichtig, wie Hemden in die Reinigung zu bringen – da habe ich viel gelernt.

Ich mochte an Gorbatschow, dass er und Ruslan sich sehr ähnlich sind. Beide sind sehr ehrgeizig und so klug, dass sie sich nicht zu ernst nehmen, und das ist sehr wichtig. Philosophische Ansichten zum Leben und emotionale Intelligenz – beides spielt für mich eine große Rolle. Michail Sergejewitsch und mein Mann haben beide eine hohe emotionale Intelligenz. Wie sie sich anderen Menschen gegenüber verhalten, welche Schlussfolgerungen sie aus dem ziehen, was sie erleben: Da sind sie sich ähnlich.

Ich will Ihnen ein Beispiel geben: das Thema „Beleidigtsein". Russland ist ein Land, das seit ewigen Zeiten beleidigt ist. Es ist so dumm und so destruktiv, immer wieder darüber zu klagen, dass der Westen uns nicht liebt! Wenn man beleidigt ist, dann ist die Tür zu – egal, was man macht. Wenn du aber die Situation annimmst, die Gründe verstehst, deine Schlüsse daraus ziehst, das akzeptierst und damit weiterleben kannst, dann steht dir die ganze Welt offen. Es geht hier nicht um Verzeihen, das ist eine andere Geschichte. Es geht um Annehmen und Weitergehen: den Schritt vom Beleidigtsein zum Nichtbeleidigtsein zu tun. Damit verändert sich nicht nur dein Verhalten, sondern das Leben. Ich weiß nicht, wie es in Deutschland ist, aber in Russland wird uns das nicht beigebracht. Es ist ein Geheimnis und Gorbatschow war jemand, der sich außerhalb des „Beleidigtseins" bewegte. Ich kenne niemanden, der das auch konnte.

Und dann seine Einstellung zur Macht: Als ich ihn traf, saß ein Mann vor mir, der noch Stalin gesehen hatte und der seinen Weg gegangen war. Nur die Besten kamen nach oben und er hätte die

Möglichkeit gehabt, bis zu seinem letzten Tag Generalsekretär zu bleiben und machen zu können, was er wollte – denn das kann ein Generalsekretär. Das ganze Land hätte ihm die Füße geküsst. Aber er war so intelligent, so klug und so diplomatisch, um Glasnost und Perestroika zu entwickeln, wobei ihm – der mit einer Philosophin verheiratet war – klar war, dass er mit den Reformen möglicherweise auch seine Macht verlieren konnte.

Als Rechtsanwältin weiß ich, dass Macht an sich eine größere Verlockung darstellt als Liebe, als Frauen, als Geld. Viele schaffen es noch nicht mal, der Versuchung des Geldes zu widerstehen. Macht hat wesentlich mehr anzubieten und er – der mit Macht respektvoll umging – schaffte es, dem zu widerstehen, und gab seinem Land die Freiheit. Und dann, nach dem Verlust der Macht und dem Verlust seiner Frau, die ihm so viel bedeutet hatte, blieb er ein MENSCH in großen Buchstaben. Das fand ich übermenschlich.

Ich habe nie verstanden, warum er in Russland geblieben ist. Er hätte seine Stiftung nach Deutschland verlegen können, er wäre dort mit seiner Familie zusammen gewesen. Er blieb in Russland. Dabei hat niemand angenommen, dass er wirklich in Russland lebte. Das Volk glaubte immer, dass er im Ausland sei, weil kein Verräter – so nannten und nennen sie ihn – im eigenen Land lebt. Mehr als die Hälfte der Russen hat das geglaubt.

Selbstverständlich war ich mit Ruslan auf seiner Beerdigung. Das war kein leichter Anlass. Erst der 24. Februar 2022, dann Gorbatschows Tod: ein Schlag nach dem anderen! Ich musste schauen, dass Ruslan es durchhielt, vier Stunden in der Ehrenwache neben dem aufgebahrten Gorbatschow zu stehen. Ich war dabei und konnte sehen, dass zur Beerdigung einfache Menschen kamen, um „Auf Wiedersehen" zu sagen. Viele, die ihn kannten, waren auf dem Friedhof. Die Besucher waren traurig und haben geweint. Es war das Ende einer Epoche und für mich war klar, dass das das Ende von unserem Leben in Russland war.

Wenn Eltern sterben, kann man sie nicht mehr anrufen. Mit Gorbatschow ist es ähnlich. Er war ein Mensch, der, solange er lebte, dem Land die Hoffnung gab, dass alles im Rahmen eines zivilisierten Lebens bleiben würde. Mit seinem Tod bekam ich Angst vor einem russischen Weg hin zum Extremismus.

Andreas Meyer-Landrut
Botschafter a. D.
Moskau/Berlin

Eine Freude,
diesen Mann kennenzulernen

Michail Gorbatschow traf ich das erste Mal, relativ kurz nachdem er 1985 ins Politbüro aufgestiegen war. Ich war damals Botschafter in Moskau und er hatte vor, Deutschland zu besuchen. Die Sowjets hatten so ein System, dass, wenn ein Mitglied des Politbüros in ein anderes Land reiste, ein anderes Mitglied ihn zum Flugplatz begleitete, zusammen mit dem Botschafter des zu besuchenden Landes. So lernten wir uns kennen und entschieden, dass wir nach seiner Rückkehr uns erneut treffen wollten.

Schauen Sie, vor Gorbatschow waren drei Mitglieder dieses

höchsten Gremiums des Staates gestorben: Breschnew, Tschernenko und Andropow, einer nach dem anderen, alle drei über 80. Gorbatschow dagegen war in bester Form. Es war eine Freude, diesen Mann kennenzulernen. Er ist dann recht bald ein weiteres Mal nach Deutschland geflogen, wo ich mit ihm erneut zusammentraf.

Man darf nicht vergessen, dass die anderen Kollegen von ihm alles ältere Apparatschiks waren – mit Ausnahme der Militärs, deren Ansprüche, wie erzählt wurde, auch ohne große Diskussionen angenommen wurden, während die zivilen Probleme stundenlang diskutiert wurden. Es war ja nicht mehr so, dass da ein Stalin saß, der bestimmte, wo es langging.

Natürlich gab es auch in unseren Gesprächen Momente, wo es hart herging, aber im Ganzen versuchten beide Seiten, solche Momente zu vermeiden. Um welche Themen es im Einzelnen ging, weiß ich nicht mehr im Detail, aber natürlich war es zentral die Teilung Deutschlands und die aktuelle politische Lage.

Gorbatschow hatte inzwischen in Deutschland einen außergewöhnlichen Ruf, der nicht zuletzt auf seine Bemerkung gegenüber Honecker zurückging, nachdem dieser seine kommunistische Propaganda abgespult hatte: „Wer zu spät kommt, den bestraft das Leben", beim Empfang in Ostberlin anlässlich des dortigen Nationalfeiertages.

Wie es aber im Leben so geht, ging dieser Honigmond nicht ungestört weiter. Da gab es 1986 den Ärger mit dem Interview von Bundeskanzler Kohl mit dem amerikanischen „Newsweek"-Magazin, in dem er auf entsprechende Fragen erklärte, Gorbatschow verstehe offenbar etwas von „Public Relations", dies beherrschte Goebbels auch.

Als ich, damals Staatssekretär des Auswärtigen Amts und Vertreter von Genscher, diese groß aufgemachte Geschichte am nächsten Morgen auf meinem Schreibtisch vorfand, habe ich sofort ein Telegramm an unseren Botschafter in Moskau entworfen, um die zu erwartenden Wellen zu glätten, und fuhr mit meinem Kunstwerk ins Kanzleramt, um mir das Okay des Bundeskanzlers zu holen. Da hatte ich mich allerdings in die Nesseln gesetzt. Man werde sich bei Gorbi nicht entschuldigen. Der Erfolg dieser Politik war eine zweijährige Eiszeit in den Beziehungen mit Moskau, die erst durch einen Staatsbesuch des Bundespräsidenten von Weizsäcker überwunden werden konnte.

Hier kann ich noch erwähnen, dass in dieser Zeit der Mord meines Kollegen Gerold von Braunmühl durch die RAF erfolgte, der den Posten in Moskau übernehmen sollte. Die Folge dieser schrecklichen Untat war, dass sowohl Genscher als auch Kohl bei mir anriefen und mich baten, den Moskauer Botschafterposten noch einmal zu übernehmen, was ich, der sich auf Paris gefreut hatte, natürlich nicht ablehnen konnte.

Gorbatschow war inzwischen bereit, „den Deutschen" zu verzeihen. Es kam dann zu einer fast eine ganze Nacht dauernden Aussprache zwischen Kohl und Gorbatschow im Park des Kanzleramtes und dann dem, man kann schon sagen: festlichen, Staatsbesuch des Ehepaars Gorbatschow in Deutschland mit „Gorbi! Gorbi!"-Rufen und Stühlen auf den Straßen, durch die die Staatsgäste fahren sollten, um dies Ereignis nicht zu verfehlen.

Meine zweite Botschafter-Amtszeit 1987 bis 1989 in Moskau verlief stürmisch, was die Entwicklung in Moskau anging, inklusive des Sturzes von Gorbatschow und des Zerfalls der Sowjetunion, aber ziemlich befriedigend, was die Entwicklung der Beziehungen mit uns betraf, kam es doch zur von fast allen Deutschen herbeigesehnten Vereinigung.

Gorbatschow verlor allerdings seinen Posten und die „großmächtige Sowjetunion" implodierte. Er zog sich ins Privatleben zurück und vermied öffentliche Auftritte. Damit hörte auch mein Kontakt mit ihm auf.

Er war zweifellos eine Politik umwälzende Figur der neueren Geschichte Russlands.

Wolfgang Eichwede
Historiker
Bremen/Berlin

Diese zwei Gesichter

1994 hatte ich in Moskau in einem der Akademie-Institute einen historischen Vortrag gehalten mit aktuellem Bezug. Von meinen russischen Kollegen war ich gefragt worden, inwiefern die deutsche Geschichte des frühen 20. Jahrhunderts, insbesondere der Weimarer Republik, mit der Zerreißprobe Russlands nach dem Zusammenbruch des sowjetischen Reiches verglichen werden könnte.

Damals hatte ich eine kleine Wohnung in Moskau und bekam noch am gleichen Abend einen Anruf, ich glaube, von einer Dame: „Einen Augenblick bitte, ich verbinde Sie mit Michail Sergejewitsch." Ich war verblüfft. Ich hatte Gorbatschow zwar einmal bei einer Veranstaltung gesehen, ihn aber nicht gekannt. Michail Sergejewitsch fragte, er habe von meinem Vortrag gehört. Ob ich bereit wäre, ihn auch vor ihm zu halten. Es werde in seiner Stiftung eine kleine Runde geben, wir würden auch diskutieren. Sie können sich vorstellen, dass ich erstaunt, ein bisschen stolz war und sagte, dass ich das sehr gerne machen würde.

Zu dem Vortrag kam es dann knapp vier Wochen später kurz vor Weihnachten. Nach der Diskussion meinte Gorbatschow, er habe noch etwas Zeit, um sich persönlich mit mir zu unterhalten. So kam es zu einem zwei- oder fast dreistündigen Gespräch, an dem auch die Politikwissenschaftlerin Lilija Schewzowa und der Soziologe Igor Kljamkin teilnahmen, beide herausragende Vertreter ihrer Fächer und Publizisten im damaligen Russland. Wir unterhielten uns zu viert auf Russisch. Ich fragte Gorbatschow, worin er seine größte Leistung sehe. Er zögerte einen Augenblick, hob dann seine Hände, drehte sie so und sagte: „Schauen Sie, an diesen Händen ist kein Blut." Das war meine erste Begegnung mit Gorbatschow.

Während meiner folgenden Fahrten nach Moskau habe ich ihn mehrmals besucht in seiner Stiftung, sodass sich ein kontinuierlicher, ich will jetzt nicht sagen: fast freundschaftlicher Kontakt entwickelte.

Wissen Sie, in den frühen Perestroika-Jahren 1986 und 1987 war Gorbatschow von der kulturellen und der wissenschaftlichen „Intelligenzija" seines Landes mit Staunen wahrgenommen, ja beinahe gefeiert worden. Der Generalsekretär der KPdSU galt plötzlich als „generalnyj dissident", als General- oder Oberdissident. Er verstand „seine" Perestroika als eine dosierte, letztlich aber zu steuernde „Revolution". Das Wort wählte er selbst. Der sowjetischen Gesellschaft gab er Freiheiten, die sie bis dahin nicht kannte. Er vertraute auf ihr schöpferisches Potenzial und darauf, dass die Freiheiten helfen würden, die erstarrten, machtbesessenen Apparate zu reformieren oder umzubauen.

Was er auf neue Weise zusammenbinden wollte, driftete jedoch auseinander. Die Gesellschaft, so plötzlich im Besitz des freien Wortes, fing an, eigene Wege zu gehen und sich aus dem Kalkül des Generalsekretärs zu lösen. Gleichzeitig stemmten sich die Bürokratien vehement gegen die Beschneidung oder den Verlust ihrer Macht. Als Teil von ihnen blieb Gorbatschow ihr Gefangener. Im Ergebnis verlor er den Rückhalt auf beiden Seiten, in der Gesellschaft ebenso wie in den etablierten Strukturen.

Im Herbst 1988 unternahm er den kühnen Versuch, zusätzlich zum Amt des Generalsekretärs der Partei das Amt des sowjetischen Staatspräsidenten anzustreben. Indem dessen Kompetenzen drastisch ausgebaut werden sollten, würden sich auch seine Handlungs- und Durchsetzungsmöglichkeiten deutlich erweitern. Ein erhoffter und absolut dringender Pusch für die Perestroika, so die dahinterstehende Spekulation. Doch vermute ich, dass sich Gorbatschow mit dem Griff nach dem höchsten Staatsamt auch ein Stück weit aus der Abhängigkeit von seiner Partei, die er zu diesem Zeitpunkt dennoch nicht aufgeben konnte, befreien wollte. Ja, sollte die zeitweise Kumulierung der Ämter nur ein Übergang sein und den Weg ebnen, um aus einem Parteistaat einen Staat mit Wahlen zu machen? In unseren späteren Gesprächen wehrte er sich nicht gegen diese Interpretation.

Zeitgleich freilich brachte ihm die Ballung der Funktionen in seiner Hand beißende, ja hämische Kritik ein. Insbesondere wandten sich viele der Intellektuellen oder der „Nicht-Formellen", der Aktivisten und Sprecher gesellschaftlicher Initiativen, die ihn bislang unterstützt hatten, von ihm ab. In ihren Redebeiträgen oder überall kursierenden Journalen brachten sie zum Ausdruck, dass

Gorbatschow mehr Macht sammele, als Stalin je gehabt hätte, was in der Sache Unsinn war, aber in der Polemik wirkte. Vor allem aber kam er aus der Zwickmühle nicht heraus: Je mehr Macht er formal, dem Gesetz nach, in Befugnissen anhäufte, desto mehr verlor er real in gleichem Zuge.

Als Problem mit der größten Sprengkraft innerhalb der UdSSR empfand ich schon 1988 und erst recht 1989 die Frage der Souveränität, bald der Unabhängigkeit der baltischen Republiken, also die nationale Frage. Ich hatte damals den Eindruck, der sich später in Gesprächen mit Gorbatschow erhärtete, dass er die nationale Frage einfach nicht verstand. Ihre Dramatik lag nicht in seinem Horizont. Ihn leitete die unumstößliche Überzeugung, der verkommene, deformierte Sozialismus muss umgebaut werden zu einem demokratischen, freien Sozialismus. Würde dies gelingen, dann spiele auch die nationale Zugehörigkeit keine dominante Rolle mehr.

Gorbatschow warb – auch intern, wie Quellen belegen – inständig für seinen Gesamtentwurf. Er brauchte die Balten, die Ukrainer, Georgier oder anderen nichtrussischen Völker für seinen Kurs in der Union als Ganzes. Würden sie fehlen, käme dies in der Summe einer Schwächung der Reformkräfte überhaupt gleich. Er begriff nicht, dass es den Litauern, Letten oder Esten vordringlich um ihr Land ging und nicht um das Schicksal des Imperiums, das sie einst gegen ihren Willen einverleibt hatte.

1987 und 1988 war ich in Riga oder Tallinn, auch in Kiew, und habe mit eigenen Augen gesehen, wie der schleppende Versuch eines gesamtsowjetischen Umbaus zu einem nationalen Aufbruch führte. Wiederholt soll Gorbatschow in Vilnius den Chef der litauischen KP, Algirdas Brazauskas, beschworen haben, auf nationale Alleingänge zu verzichten. Doch habe ihm Brazauskas angesichts der

Massendemonstrationen in seinem Land erwidert, er könne nicht mehr beherrschen, was von Gorbatschow freigesetzt worden sei.

Aber zurück zum ersten Treffen in der Stiftung: Vielleicht waren 40, vielleicht 50 Mitarbeiter und Weggefährten dort. Gorbatschow stellte mich ebenso freundlich wie formal vor, als ein Historiker und „Bremer Stadtmusikant" – das Märchen war jedem bekannt. In Moskau wurde damals häufig über die Vergleichbarkeit der Krisen in der Weimarer Republik und im heutigen, postsowjetischen Russland gesprochen. Ich äußerte Zweifel an solchen Vergleichen, hatte aber den Eindruck, meine Zuhörer nicht zu überzeugen. Der Ex-Präsident leitete die Diskussion, bezog aber keine Stellung. Bei dem persönlichen Gespräch danach, ich sprach das vorhin an, fand ich ihn sehr viel offener und aufgeschlossener. Wir saßen uns gegenüber, haben uns angeschaut und auch mal gelacht. Lilija Schewzowa, die ihn gut kannte, sorgte für eine fast familiäre Atmosphäre. Alles Formale wich von ihm, er hörte zu, ging auf Argumente ein, dachte gleichsam laut nach. Doch konnte ich bei späteren Begegnungen auch das Gegenteil erleben – plötzlich war er „zu" und schien nicht mehr erreichbar, wie hinter einer Wand. Gründe für solche Szenenwechsel konnte ich oftmals nicht erkennen. Gorbatschow hatte viele Gesichter – und musste sie wohl auch haben.

Im Herbst 1997 besuchte er Bremen. Zu den Gründen zählte die formelle Einweihung des neuen Gebäudes, das mein Uni-Institut – die Forschungsstelle Osteuropa – bekommen hatte. Besonderheit der Forschungsstelle war (und ist) eine in Europa einzigartige Sammlung von Untergrundliteratur, also verbotener oder verfolgter Schriften aus dem gesamten ehemaligen Sowjetblock, in der russischen Sprache bekannt als Samisdat-Literatur.

Dort, wo es ins Archiv geht, war ein rotes Band gespannt. Ich sagte zu Michail Sergejewitsch, nun müsse er das Band durchschneiden. Lachend fragte er: „Bin ich hier unter ‚Anti-Sowjetschiki' (Anti-Sowjet-Leuten)?" Daraufhin ich: „In gewissem Sinne bist du das ja selbst. Auch du hast die alte Sowjetunion umbauen wollen", wie viele der Autoren, die wir hier gesammelt hätten. Danach lasen wir gemeinsam handschriftliche Notizen von Andrej Sacharow oder die Briefe zwischen Willy Brandt und Lew Kopelew im Original.

Beim Abendessen im Bremer Rathaus saßen wir nebeneinander und sprachen über die deutsche Einigung. Er habe sie als einen demokratischen Prozess verstanden. Auf meine Frage, ob das für ihn als Generalsekretär der KPdSU nicht ein großer Schritt gewesen sei, antwortete er lapidar: „Ja." Es seien die Menschen auf den Straßen von Berlin und Leipzig gewesen. Er selbst habe da nicht viel gemacht oder „zu machen brauchen", er habe nur „zu akzeptieren" gehabt. Wir setzten das Gespräch nicht fort.

Tatsächlich hat Gorbatschow den Zerfall des Imperiums außerhalb der sowjetischen Grenzen mit Umsicht und Souveränität hingenommen, während er sich der Auflösung „seines" Reiches innerhalb der sowjetischen Grenzen viel zu lange mit Unverständnis entgegenstemmte. Er war eine historische Figur in Widersprüchen. Sie zu verstehen und ihn gleichzeitig in die Geschichte einzuordnen, war und ist für mich als Historiker eine faszinierende Aufgabe. Mit ihm jedoch normal sprechen, ihn unmittelbar befragen und mit ihm durch die Stadt spazieren gehen zu können, war nochmals eine Erfahrung besonderer Art. Wir schlenderten gemeinsam über den Bremer Marktplatz, mussten uns eine Gasse bahnen. Plötzlich kam eine Frau auf uns zu und fragte in großer Aufregung: „Herr Gorbatschow, darf ich Ihnen die Hand geben?" Ich übersetzte, er gab ihr seine Hand, sie in überschwänglicher Freude zu ihrem Mann: „Das ist der glücklichste Augenblick in meinem Leben." Während er bei sich zu Hause harten Anfeindungen ausgesetzt war, blieb er im Westen ein Idol.

2006 feierte Gorbatschow seinen 75. Geburtstag in der Hansestadt. Die Bremer Philharmonie spielte zu seinen Ehren ein großes Konzert, in seiner Dankesrede nannte er mich einen „guten Freund". Ein Bremer Bürger spendete ihm spontan 75.000 Euro. Am Abend diskutierten er, Hans-Dietrich Genscher und ich über sein Lebenswerk im Festsaal des ehrwürdigen Rathauses. Da wir den 5. März – Stalins Todestag 1953 – schrieben, fragte ich ihn zum Auftakt, was er genau vor 53 Jahren getan habe. Deutlich überrascht gestand er, wie alle Menschen in der UdSSR geweint zu haben. Auf meine zweite Frage, ob er sich als Friedensnobelpreisträger von 1990 in der Tradition des Preisträgers von 1975, des Atomphysikers und Menschenrechtlers Andrej Sacharow, sehe, antwortete er mit Zögern positiv, wenngleich sie auf unterschiedlichen Ebenen agiert hätten. Genscher skizzierte die weltgeschichtliche Größe seines Gegenübers, er selbst betonte, nur das Notwendige getan zu haben. Von einem Scheitern wollte er nicht sprechen.

Sein 80. Geburtstag 2011 wurde in London mit einem Staatsakt gefeiert. Doch lud er in Moskau eher privat einen überschaubaren Kreis von Intellektuellen und Freunden, darunter Schriftsteller und Dissidenten mit großen Namen, in seine Stiftung, um auf seine Epoche zurückzublicken. Aus Polen kam Adam Michnik, aus Deutschland hatte ich das Glück, dabei zu sein. Wir Gäste mussten kleinere Vorträge halten. So sollte ich über das Bild sprechen, das wir „linken Studenten" von 1968 – ich gehörte dazu – von der damaligen Sowjetunion hatten. Ihren Sozialismus hätten wir als „verkommen" und „deformiert" wahrgenommen. Während ich sprach, unterbrach er mich mehrfach. Ob das nicht zu hart sei? Meine Antwort: Das seien seine Begriffe der späteren Perestroika. Meine Leitfigur sei

Rosa Luxemburg gewesen. Er: Warum gerade sie? Ich: Weil sie gegen Lenin auftrat. Was ihn, der Lenin schätzte, offenkundig nicht überzeugte.

Der Jubilar war munter und aufgedreht, sparte nicht mit Zwischenrufen und widmete sich vielen Einzelgesprächen. Was ich am bewegendsten fand: Unter den Gästen war Arseni Roginski, Historiker und mein engster Freund in Moskau. Er war 1981, also zu einer Zeit, in der Gorbatschow schon Mitglied des Politbüros war, für vier Jahre ins Lager gekommen. 1985 wieder frei, gründete er gemeinsam mit anderen 1988 „Memorial", die Gesellschaft zur Aufarbeitung des sowjetischen Terrors. Roginski blieb ihr führender Kopf bis zu seinem Tode 2017. Nun standen die beiden zusammen, duzten sich, lachten und planten gemeinsame Projekte. Sie waren Freunde geworden, der eine einst Spitzenvertreter der sowjetischen Diktatur, der andere ihr Opfer. Ich ging zu ihnen: „Euch – Michail und Arseni – hier in Eintracht zu sehen, ist für mich ein überwältigendes Erlebnis. Ein Stück Geschichte."

Sie fragen, was ich an ihm gemocht und geschätzt habe. Ich will versuchen, in vier Punkten zu antworten.

- Ein erster, sehr persönlicher Grund: Er schaute mir in die Augen, wenn ich mit ihm sprach. Unterwegs in einer Delegation sah er mich plötzlich, scherte kurz aus, um Hallo zu sagen. Im persönlichen Umgang hinderte ihn das Protokoll nicht an menschlicher Spontanität. Als Generalsekretär brachte er einen neuen Stil in die sowjetische Politik, um an ihm in den Höhen und Tiefen seiner Karriere festzuhalten. Gewiss konnte er auch verschlossen und unnahbar auftreten, manchmal ohne Vorwarnung, doch mag das zu seinem „Job" gehört haben.
- Ein zweiter Punkt: Ich fand oder finde seinen Versuch, das System aus dem System heraus umzugestalten, fantastisch, auch

wenn er in Teilen gescheitert ist oder scheitern musste. Dabei hat er selbst dramatische Wandlungen durchlaufen. Von dem eher zögerlichen oder gar lächerlichen Start mit „Alkoholverbot" und „Beschleunigungsdevise" bis zur Proklamation eines fundamentalen Strukturwandels verging kaum mehr als ein Jahr. Das war eine Revolutionierung des Denkens im Zeitraffer, eine Perestroika in ihm selbst. In der Theorie schien seine Doppelstrategie einer gleichzeitigen, sich gegenseitig stützenden Öffnung der Gesellschaft und der Machtstrukturen plausibel. In der Praxis funktionierte sie nicht. Gorbatschow wurde zum Gefangenen der Macht, die er umbauen wollte, aber letztlich nicht umbauen konnte. In diesem Sinne scheiterte er zu Hause.

Die Weltpolitik jedoch gewann durch ihn ein neues Profil, der „Kalte Krieg" fand ein Ende, die „Charta von Paris" skizzierte eine Welt in Frieden. Es wurde abgerüstet. Das östliche Zentraleuropa gewann seine Freiheit. In der historischen Summe, so habe ich ihm oft gesagt und gegen alle Zweifler verteidigt, sei seine Bilanz positiv.

- Im dritten Punkt spielen Mitgefühl und Enttäuschung über seinen Abgang eine Rolle. Auf seine Rückfragen konnte ich ihm allerdings keine Alternative benennen. 1988/89 sollte die Schaffung des Kongresses der Volksdeputierten ihm eine neue Legitimation geben. Stattdessen zeichnete sich der Wiederaufstieg von Boris Jelzin ab, der bald sein Intimfeind wurde. Es geschah etwas, was niemand erwartet oder vorhergesehen hatte: Russland wandte sich gegen die UdSSR. Gorbatschow wurde zum Getriebenen, Weggefährten fielen von ihm ab, die Inflation grassierte, die Wirtschaft taumelte dahin, während er noch immer – in seinen Illusionen gefangen – glaubte, die Dinge zu seinen Gunsten wenden zu können. Der Putsch im August 1991 lähmte den einstigen Initiator globaler Veränderungen oder degradierte ihn zu einer quantité négligeable. Nach den nichtrussischen Republiken kündigte auch Russland unter Boris Jelzin die Sowjetunion auf. Gorbatschow hatte gegen die Geschichte verloren. Er trat in Würde ab.

- Der vierte Punkt, warum ich ihn schätze, ist vielleicht der wichtigste. Es war wohl eine Unterhaltung Anfang dieses Jahrhunderts in Berlin, als ich zu ihm sagte, er sei aus zwei Gründen ein großer Politiker. „Groß durch das, was du in Bewegung gesetzt und getan hast. Noch größer aber durch das, was du nicht getan hast. Du hast keine Gewalt angewendet, als dein System und deine Träume zusammenbrachen, als die Geschichte über dich hinwegging. Das ist, was ich am meisten an dir bewundere." Er sagte verblüfft, das sei doch kein Kompliment. Ich widersprach lebhaft. Ein Weltreich dieser Größenordnung zusammenbrechen zu lassen, ohne massive militärische Gewalt anzuwenden, sei ein historisches Novum. Er dachte lange nach.

In Gorbatschows „Erinnerungen" (1995 erschienen) schwingt viel Bitterkeit über die letzten Monate seiner Präsidentschaft mit, Enttäuschungen über manche seiner Mitarbeiter, die er als Verbündete betrachtet hatte, unverhohlene Abneigung gegen Boris Jelzin, den er als „Alt-Bolschewisten" und Intriganten klassifizierte. In meinen späteren Begegnungen mit ihm fand ich ihn deutlich gelassener, souveräner, immer noch überzeugt von der Klugheit seiner Strategie. Ich fragte ihn wiederholt, wie er die Gegenschläge, die Brüche in seiner Biografie überhaupt auszuhalten vermochte. Seine sehr persönliche Antwort – er gab sie mir einmal – hatte einen Namen: „Raissa." Die beiden gingen lieb miteinander um. Sagte sie ihm etwas, so etwa auf dem Flughafen in Bremen, ließ er sogleich andere stehen. Ihr offener Blick schuf Vertrauen, Michail Sergejewitsch hörte auf sie. Sie waren selbst in den Stürmen der Politik ein Paar, das Liebe ausstrahlte. Als sie später todkrank in der Klinik in Münster lag, überlegte ich, sie zu besuchen, entschied mich aber dagegen, da ich die wenige Zeit, die Raissa und er noch hatten, ihnen allein lassen wollte. Beide zusammen gaben ihrer Zeit auch ein „menschliches Gesicht". Gorbatschow freute sich über diese Worte von mir.

Das neue Russland, das sich nach ihm entwickelte, widersprach diametral seinen Grundsätzen. Die krasse Zerklüftung der Gesellschaft und die blühende Korruption waren das genaue Gegenteil dessen, was er sich als Zukunftsvision vorgestellt hatte. Ja, er zeigte sich mir gegenüber entsetzt. Vielleicht half ihm das Versagen Russlands in der Epoche nach ihm, die eigene Niederlage zu verkraften. Mit seinem Sturz blieb die Politik des gesellschaftlichen Ausgleichs auf der Strecke. In Europa herrscht heute Krieg. Er widerspricht Gorbatschows Vision vom „gemeinsamen europäischen Haus".

„Meine" Sowjetunion und „mein" Russland waren bis zur Perestroika die ungehorsame Literatur und experimentierende Kunst, die Kultur des zivilen Widerstands, die Dissidenten und „Andersdenkenden". Nun – nach 1988 – hatte ich plötzlich ein Dauervisum und konnte die Länder besuchen, wann ich wollte. In Moskau und St. Petersburg war ich wie zu Hause. Ich verdanke das auch Michail Gorbatschow.

Heute kann ich dort nicht mehr hinfahren. Ich habe ein Stück Heimat verloren.

Anhang

Kurzbiografien
(alphabetisch geordnet)

Marina Cronauer, Dr., Frankfurt
Germanistin und promovierte Linguistin. Arbeitete vor der Wende in Prag in der Zentrale der Fernseh- und Rundfunkunion Intervision, des 1960 gegründeten Gegenprogramms zur Eurovision im Westen. Begann durch Zufall 1985 mit dem Dolmetschen, ab 1993 Dolmetscherin von Michail Gorbatschow.

Sonja Eichwede, Berlin
Juristin und Mitglied des Deutschen Bundestags für die SPD. Traf Michail Gorbatschow das erste Mal als Neunjährige in Bremen. Austauschjahr in den USA, Jurastudium, Auslandssemester in Oslo, Referendariat für das Auswärtige Amt in Nairobi und New York und im Europarat. Regionalgeschäftsführerin SPD Brandenburg, wissenschaftliche Mitarbeiterin für Bundestagsabgeordnete Dagmar Ziegler (SPD), Dozentin an der Hochschule für Wirtschaft und Recht in Berlin, Richterin in Brandenburg (Amt ruht derzeit), seit 15. Oktober 2021 Mitglied des Bundestags.

Wolfgang Eichwede, Prof. Dr., Bremen
Professor für Politik und Zeitgeschichte an der Universität Bremen. Leitete die Forschungsstelle Osteuropa in Bremen bis 2008, dort wurde das größte Samisdat-Archiv weltweit angelegt. Eng verbunden mit der Menschenrechtsorganisation Memorial. Aktuell tätig bei der Rückführung von Beutekunst Deutschland–Osteuropa.

Ruslan Grinberg, Dr., Berlin
Ökonom, Direktor des Instituts für Wirtschaft an der Russischen Akademie der Wissenschaften, war mehr als 30 Jahre Berater von Michail Gorbatschow.

Oxana Grinberg, Berlin
Juristin, seit 2009 spezialisiert auf internationales Wirtschaftsrecht/ Schlichtungsverfahren. Arbeitete in Moskau in Rechtsanwaltskanzleien. Mutter von zwei Kindern und lebt in Berlin.

Gregor Gysi, Dr., Berlin
Rechtsanwalt, Politiker und Mitglied des Bundestages (Die Linke). Dezember 1989 bis Januar 1993, Vors. PDS, Mitglied Volkskammer März bis Oktober 1990, Mitglied Bundestag Oktober 1990 bis Februar 2002. Januar 2002 bis Juli 2002: Berliner Bürgermeister/Senator für Wirtschaft, Arbeit und Frauen. Von 2005 bis 2015 Vors. Die Linke im Bundestag. Sprecher für Außenpolitik.

Eggert Hartmann, Berlin
Chefdolmetscher des Auswärtigen Amtes. Arbeitete im Sprachendienst ab 1970 und bis zur Pensionierung 2006 viermal für fünf Jahre in Moskau an der Deutschen Botschaft. Übersetzte vorrangig vom Deutschen ins Russische.

Martin Hoffmann, Dr., Berlin
Slawist, studierte Slawistik und Geschichte in Münster, 1986 für ein halbes Jahr in Moskau. Ab 1992 Mitarbeiter, ab 1995 Geschäftsführer, seit 2001 geschäftsführendes Vorstandsmitglied Deutsch-Russisches Forum.

Norbert Koch-Klaucke, Berlin
Reporter, arbeitet für den „Berliner Kurier" und seit einigen Jahren auch für die „Berliner Zeitung".

Gabriele Krone-Schmalz, Prof. Dr., Köln
Journalistin, Publizistin. Von 1987 bis 1991 Moskau-Korrespondentin und Moderatorin der ARD. Sie war die erste Frau im ARD-Studio Moskau. 1992 bis 1997 Moderatorin Kulturweltspiegel, ARD. 2011 bis 2016 Professorin Studiengang TV, Journalistik und Medienwissenschaften an der privaten Fachhochschule BiTS in Iserlohn. 2000 bis zur Auflösung 2023 Mitglied im Petersburger Dialog.

Viktor Kuvaldin, Prof. Dr., Moskau
Studierte Geschichte an der Lomonossow-Universität in Moskau und internationale Beziehungen am Moskauer Institut für internationale Beziehungen. Mit dem Beginn der Perestroika arbeitete er in der Abteilung für internationale Beziehungen der KPdSU, ab 1991 war er der Berater von Präsident Gorbatschow. Nach dem Rücktritt Gorbatschows im Dezember 1991 Tätigkeit als Exekutivdirektor der Gorbatschow-Stiftung.

Alexander Likhotal, Prof. Dr., Genf
Historiker. Präsident von Green Cross International. Studium am Moskauer Staatlichen Institut für Internationale Beziehungen (MGIMO). Dort Promotion in Geschichte und Promotion in Politikwissenschaften am Institut für Weltwirtschaft und internationale Beziehungen der Akademie der Wissenschaften. 1989–1991 Sprecher und Berater von Hr. Gorbatschow. Vorträge an der Universität Princeton, Oxford, Max-Planck-Gesellschaft und dem Institut für

Weltwirtschaft. Mitglied unter anderem in der Climate Change Task Force, Club of Rome, Berater Club of Madrid.

Ignaz Lozo, Dr., Wiesbaden
Osteuropa-Historiker, Filmemacher, Autor. Studierte Russisch und Englisch in Mainz, Diplomarbeit über Glasnost-Politik von Hr. Gorbatschow. 1989 ZDF-Korrespondent in Moskau, Einsatz als Kriegsreporter im belagerten Sarajewo. 1997 für Pro Sieben in Moskau, 1998 Studio Deutsche Welle TV, 2000 ZDF-Korrespondent, 2007 ZDF-Mainz-Autor von Dokumentarfilmen. 2021 Veröffentlichung Biografie über Gorbatschow, „Der Weltveränderer", zu seinem 90. Geburtstag.

Lothar de Maizière, Dr., Berlin
Jurist, Musiker, ehemaliger Politiker. Trat als 16-Jähriger 1956 in die ostdeutsche CDU ein. 10. November 1989: Vorsitz DDR-CDU, erster demokratisch gewählter und letzter Ministerpräsident der DDR, Bundesminister. Ab 2005 Vorsitzender des Petersburger Dialogs, zuletzt dessen Ehrenvorsitzender bis zur Auflösung 2023.

Klaus Mangold, Prof. Dr., Stuttgart
Studierte Rechtswissenschaften und Wirtschaft an den Universitäten München, Genf, Paris, London, Heidelberg und Mainz. Unter anderem Mitglied Vorstand Rhodia AG, Vorstandsvorsitzender Quelle. 1995–2003 Mitglied Vorstand DaimlerChrysler AG und Vorstandsvorsitzender DaimlerChrysler Services AG. Vice Chairman Rothschild Europe, Paris/London. Gründungsvorstand der Gesellschaft der Freunde der Akademie der Künste Berlin und Mitglied Stiftungsrat des Jüdischen Museums, Berlin, seit 2003 Geschäftsführer der Mangold Consulting AG.

Klaus Meine, Hard-Rock-Musiker, Hannover
Ging in Langenhagen zur Volksschule und machte eine Ausbildung zum Dekorateur, war bei der Bundeswehr und arbeitete als LKW-Fahrer. Mitglied verschiedener Bands, 1969 Wechsel zur Band Scorpions, Sänger und Songwriter der Hard-Rock-Band. Auftritte 1988 in der Sowjetunion, 1989 beim Moscow Music Peace Festival. Texter und Komponist von Welthit „Wind of Change".

Andreas Meyer-Landrut, Dr., Moskau
Studium der Rechts- und Staatswissenschaften, slawische Philologie, Soziologie und ostdeutsche Geschichte in Göttingen und Zagreb. 1955 Eintritt ins Auswärtige Amt. Fünfmal tätig an der Deutschen Botschaft in Moskau, 1980–1983 und 1987–1989 als Botschafter. Schlüsselstellung bei der Annäherung der Bundesregierung (Helmut Kohl) und der Sowjetunion (Michail Gorbatschow). Staatssekretär im Auswärtigen Amt und 1989–1994 Chef Bundespräsidialamt. Ehrenvorsitzender des Deutsch-Russischen Forums.

Diane Meyer Simon, Montecito, Kalifornien/USA
Studierte Psychologie an der Butler-Universität. Politische Mitarbeiterin Senator Birch Bayh, Indiana, Umweltaktivistin. Teilnahme an der internationalen Umweltkonferenz in Moskau, traf dort Michail Gorbatschow. Gründerin von Global Green USA, Ehrenmitglied Green Cross International und Politikerin. Sie ist die ehemalige Frau des Immobilien-Milliardärs Herbert Simon aus Indiana.

Tonia Moya, Göteborg/Schweden
Journalistin, Geschäftsführerin von Green Cross, Schweden, mit Sitz in Göteborg. Leitet die Programme mit den Themen Wasser, Wertewandel und Umweltsicherheit. Arbeitet in den Bereichen

Friedensforschung, Klimaschutz, Erd-Charta, Stärkung von Frauen und Jugendlichen, hat TV-Serien, Dokumentationen, Veranstaltungen und Konferenzen initiiert.

Henning Scherf, Dr., Bremen
Studierte Rechtswissenschaften und Soziologie in Freiburg und an der FU Berlin. Ab 1971 Rechtsanwalt in Bremen. Seit 1963 Mitglied der SPD, 1972–1978 Landesvorsitzender SPD und 1984–1999 Bundesvorstand SPD. 1995 Wahl zum Präsidenten des Senates und zum Bremer Bürgermeister. November 2005 Rücktritt. Scherf ist Hochseesegler und überquerte den Atlantik mit der „Wappen von Bremen".

Horst Teltschik, Prof., Dr., Rottach-Egern (Tegernsee)
Studierte Politische Wirtschaft, Neuere Geschichte und Völkerrecht an der FU Berlin. 1970 Übernahme der Leitung Arbeitsgruppe „Außen-, Deutschland- und Sicherheitspolitik", CDU-Geschäftsstelle. Nach Stationen in Staatskanzlei Rheinland-Pfalz und Leitung des Büros CDU/CSU Bundestagsfraktion 1982 Leiter Bundeskanzleramt „Auswärtige und innerdeutsche Beziehungen, Entwicklungspolitik und äußere Sicherheit", 1983 stellvertretender Chef Bundeskanzleramt (Helmut Kohl). 1999–2008 Leiter der Münchner Sicherheitskonferenz.

Interview- und Textnachweise

Marina Cronauer: 20. September 2022, Frankfurt
Martin Hoffmann: 17. Oktober 2022, Berlin
Andreas Meyer-Landrut: 1. November 2022, Moskau (Telefoninterview)
Horst Teltschik: 7. November 2022, Rottach (Telefoninterview)
Viktor Kuvaldin: 8. November 2022, Moskau (Interview via ZOOM)
Lothar de Maizière: 9. November 2022, Berlin
Wolfgang Eichwede: 20. März 2023, Berlin
Ruslan Grinberg: 21. März 2023, Berlin
Oxana Grinberg: 22. März 2023, Berlin
Eggert Hartmann: 23. März 2023, Berlin
Klaus Mangold: 30. März 2023, Stuttgart (Telefoninterview)
Henning Scherf: 30. März 2023, Bremen
Alexander Likhotal: 4. April 2023, Genf (Telefoninterview)
Ignaz Lozo: 4. Mai 2023, Wiesbaden (Telefoninterview)
Gabriele Krone-Schmalz: 5. Mai 2023, Köln (Telefoninterview)
Klaus Meine: 6. Mai 2023, Hannover (Interview via ZOOM)
Norbert Koch-Klaucke: 10. Mai 2023, Berlin
Sonja Eichwede: 11. Mai 2023, Berlin
Gregor Gysi: 11. Mai 2023, Berlin
Diane Meyer Simon: Sie war leider gesundheitlich verhindert. Ich habe in Absprache mit ihr einen Text zusammengestellt aus ihren schriftlich beantworteten Fragen und ihrem Nachruf auf Präsident Gorbatschow.
Tonia Moya: 15. Mai 2023, Göteborg (Interview via WhatsApp)

Fotonachweise

Coverfoto: Staatsarchiv Bremen | Jochen Stoss
Foto U4: jetztzeit verlag
Marina Cronauer: Horst Cronauer
Sonja Eichwede: Nancy Stoffregen
Wolfgang Eichwede: privat
Ruslan Grinberg: privat
Oxana Grinberg: privat
Gregor Gysi: Deutscher Bundestag/Inga Haar
Eggert Hartmann: Bettina Schaefer
Martin Hoffmann: KD Busch, Studio für professionelle Fotografie
Norbert Koch-Klaucke: Thomas Uhlemann
Gabriele Krone-Schmalz: imago | Horst Galuschka
Viktor Kuvaldin: privat
Alexander Likhotal: privat
Ignaz Lozo: Detlef Gottwald
Lothar de Maizière: privat
Klaus Mangold: privat
Klaus Meine: Marc Theis
Andreas Meyer-Landrut: FN-Archiv
Diane Meyer Simon: privat
Tonia Moya: privat
Henning Scherf: Senatskanzlei Bremen | Anja Raschdorf
Horst Teltschik: picture alliance/SVEN SIMON | Frank Hoermann

Übersetzungen

Englisch–Deutsch: Text von Viktor Kuvaldin übersetzt von Felix Schaefer, Hamburg.
Englisch–Deutsch: Texte von Alexander Likhotal, Diane Meyer Simon und Tonia Moya: Daniel Bullinger, Hamburg.

Korrektorat

Martha Wilhelm, textwinkel, Hamburg.

Juristische Beratung

Kanzlei Prof. Schweizer, München.

Unterstützung

Bei der Umsetzung des vorliegenden Buches wurde ich innerhalb des Hamburger KWB-Coachingprogramms unterstützt. Annette Beetz (The Makings) stand mir mit Rat zur Seite. Ganz herzlichen Dank!

Lektüre zum Weiterlesen

Ignaz Lozo berichtet auf S. 82 von seinen Recherchen zur politischen Biografie über Michail Gorbatschow „Der Weltveränderer" (2021). Das Buch erschien zu Gorbatschows 90. Geburtstag im wbg Theiss Verlag.

Ebenfalls eine interessante Quelle und Darstellung zur Zeitgeschichte sind die Gesprächsprotokolle „Michail Gorbatschow und die Deutsche Frage", Sowjetische Dokumente 1986–1991, herausgegeben von Aleksandr Galkin und Anatolij Tschernjajew. Die deutsche Ausgabe – ISBN 978-3-486-58654-1 – wurde herausgegeben vom Institut für Zeitgeschichte München-Berlin (IfZ). Jedes Jahr werden hier nach Ablauf der 30-jährigen Sperrfrist Dokumente veröffentlicht, die zuvor der Geheimhaltung unterlagen.

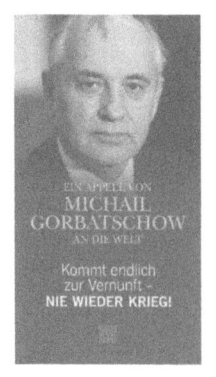

Maria Cronauer, Dolmetscherin, berichtet auf S. 114 von einer Zusammenarbeit mit Franz Alt. Michail Gorbatschow (Autor)/Franz Alt (Herausgeber): Ein Appell von Michail Gorbatschow an die Welt: Kommt endlich zur Vernunft – Nie wieder Krieg (Benevento 2017).

Lothar de Maizière erwähnt auf S. 49 das Buch, für das Michail Gorbatschow ein Vorwort schrieb: Ich will, dass meine Kinder nicht mehr lügen müssen (Herder 2010, vergriffen, antiquarisch erhältlich).

Gabriele Krone-Schmalz erwähnt auf S. 74 das Buch „Was passiert in Russland?" (Herbig, September 2007)

und „Russland verstehen" (C. H. Beck, 2015, Buch antiquarisch erhältlich) auf S. 74.

Danksagung

Das vorliegende Buch ist ein kleines internationales Gemeinschaftsprojekt geworden. Die 21 TeilnehmerInnen kommen aus den USA, Schweden, Russland, der Schweiz und Deutschland. Ihnen allen sei an dieser Stelle gedankt dafür, dass sie sich die Zeit nahmen, um sich in einem Interview von mir über ihre Begegnungen mit Hr. Gorbatschow befragen zu lassen und die von mir narrativ aufgezeichneten Texte in einem zweiten Schritt zu autorisieren. Alle haben ohne Honorar mitgearbeitet.

Bei der Suche nach GesprächspartnerInnen unterstützten mich Wolfgang Eichwede (Bremen), Michael Hoffmann (Berlin) und Karen Karagesjan (Moskau). Ohne ihre Kontakte und Empfehlungen wäre es schwierig geworden, das Buchprojekt Gorbatschow auf den Weg zu bringen.

Die Zusammenarbeit mit Martha Wilhelm (Korrektur), Rafaela Nimmesgern (Buchproduktion) und Dietmar Reichert (Covergestaltung) war unkompliziert und auf den Punkt. Das hat Spaß gemacht.

Und ich hatte das große Glück, auch bei diesem Buchprojekt wieder von Felix unterstützt worden zu sein. Es hat mit seiner Hilfe geklappt, dass ich trotz all der technischen Schwierigkeiten von Neuseeland, Hamburg oder Berlin aus arbeiten konnte.

Bettina Schaefer (Hg.)
Mensch Genscher
jetztzeit verlag, 2018
Hardcover, 145 x 207 mm
248 Seiten, s/w Fotos
28,00 Euro
ISBN 978-3-9814389-9-4

Persönliches über …

… den Freund
Michail Gorbatschow, Moskau: „Im Laufe der Jahre lernte ich den Menschen Genscher immer besser kennen. Unser Kontakt brach auch in den 1990ern nicht ab, als zuerst ich und etwas später auch er aus den Staatsämtern ausschieden. Aus unserer Bekanntschaft war eine echte Freundschaft erwachsen. Ich besuchte ihn in seinem Haus am Stadtrand von Bonn. Raissa und ich lernten seine gesamte Familie kennen und freundeten uns mit seiner Frau Barbara an."

… den Machtpolitiker
Rita Süssmuth, Berlin: „Dazu kam, dass Genscher es brillant verstand, sein Führungsverhalten gut zu einem ‚Wir' zu machen. Sie hatten bei ihm nicht den Eindruck: Da steht der weit vorausehende Anführer. Nein, er vermittelte die Vorstellung, er macht es zusammen mit den Menschen."

… den Vorgesetzten
Dieter Kastrup, Bad Godesberg: „Gute Leute waren für ihn Mitarbeiter, die unabhängig denken konnten und sich trauten, ihre Ergebnisse auch zu sagen. Es waren Kollegen, die seine hohe Schlagzahl mithielten."

Bettina Schaefer (Hg.)
Ich bleibe Optimist, trotz allem
jetztzeit verlag, 2014
Paperback, 148 x 210 mm
288 Seiten, s/w Fotos
20,00 Euro
ISBN 978-3-9814389-4-9
Auch als E-Book erhältlich

1940 ist Noach Flug 15 Jahre alt. Und riskiert als Mitglied der Jugend-Untergrundorganisation im Ghetto Lodz täglich sein Leben. Für den Teenager gibt es nur ein Ziel: alles zu tun, damit Nazi-Deutschland nicht siegt.
Davon und von seinem Leben nach dem Überleben von Konzentrations- und Vernichtungslagern erzählen 26 Zeitzeugen – Familienmitglieder, Klassenkameraden, Freunde und Weggefährten – aus Israel, Polen, Deutschland und den USA. Sie erinnern sich in intensiven Gesprächen mit Bettina Schaefer an einen Menschen, der – trotz allem – optimistisch nach vorne schaut. Und federführend daran beteiligt ist, dass Holocaust-Überlebenden und Zwangsarbeitern des Nazi-Regimes ein Mindestmaß an Gerechtigkeit widerfährt.
Noach Flug war a Mentsh.

Goldmedaille
„Bestes Europäisches Sachbuch"
IPPY-Awards in NYC 2017.

Finalist
Book Excellence Awards 2016 (Kanada)

Finalist
USA Best Book Awards 2015

Winner
International Book Awards 2015 (USA)

Bettina Schaefer (Ed.)
In spite of everything, I remain an optimist
jetztzeit verlag, 2015
Paperback, 148 x 210 mm
256 Seiten, s/w Fotos
20,00 Euro
ISBN 978-3-9814389-6-3
Auch als E-Book erhältlich

In 1940 Noah Flug is 15 years old. Each day he risks his life as a member of the youth underground organization in the Łódź Ghetto. Why? Because from 1940 onwards this teenager has only one goal: to do everything in his power to bring down Nazi Germany. Twenty-six eyewitnesses from Israel, Poland, Germany and the USA relate Noah's struggles and his life after surviving concentration and extermination camps. In in-depth conversations with Bettina Schaefer, his family, friends and companions remember a person who, despite everything, optimistically looks towards the future. And his positive outlook is dependent on the Holocaust survivors and forced laborers under the Nazi regime receiving a minimum amount of what is justly due to them. Noah Flug was "a Mentsh."

Bettina Schaefer (Hg.)
Erweiterte 2. Auflage zum 100. Geburtstag
von Wladyslaw Bartoszewski:
Für Freiheit kämpfen – selbstbestimmt leben
Erinnerungen an Wladyslaw Bartoszewski
jetztzeit verlag, 2017
Hardcover, Fadenheftung, 157 Seiten,
21 s/w Fotos, 24,00 Euro
Print: ISBN 978-3-9824176-0-8
E-Book: ISBN 978-3-9824176-1-5

Bettina Schaefer (Ed.)
Walczyć o wolność, żyć niezależnie
Wspomnienia o
Władysławie Bartoszewskim
Proszynski Media, Warschau, 2017
Hardcover, 125 x 195 mm
144 Seiten, 19 s/w Fotos
29,90 zł
ISBN 978-83-8097-147-9

Im vorliegenden Band erinnern sich 19 Zeitzeugen aus Polen, Österreich, Frankreich und Deutschland an den Menschen Wladyslaw Bartoszewski. In persönlichen Worten erzählen seine Ehefrau Zofia, Freunde und Freundinnen, politische Kolleginnen, Kollegen und Weggefährten schriftlich oder im Gespräch mit Bettina Schaefer von ihren Eindrücken und Begegnungen mit Professor Bartoszewski zwischen 1960 und seinem Todestag am 24. April 2015.

Bettina Schaefer (Hg.)
Helden sind die, die bleiben –
Als Krankenschwester im Krisengebiet
jetztzeit verlag, 2011
Paperback, 148 x 210 mm
136 Seiten, s/w Fotos
12,90 Euro
ISBN 978-3-9814389-0-1
Auch als E-Book erhältlich

„Der Dank der Patienten kam wirklich aus tiefstem Herzen", sagt Krankenschwester Margot Dietz-Wittstock aus Schleswig-Holstein. „Ich hatte den Eindruck, dass sie in uns Menschen sahen, die ihnen ein bisschen Hoffnung brachten. Und so verstehe ich unsere und meine Arbeit, und deswegen mache ich das: mit Kraft und Elan da reingehen, so gut wie möglich die Menschen medizinisch versorgen und dazu ein bisschen Hoffnung und ein Ziel mitbringen."
Speziell für Einsätze nach schweren Naturkatastrophen ausgebildet, arbeitet Rotkreuzschwester Margot in Haiti ab Mitte Januar 2010 vier Wochen im fast völlig zerstörten Port-au-Prince. Im internationalen Team baut sie für Hunderte Menschen – viele von ihnen sind schwer verletzt und traumatisiert – eine Basis-Gesundheitsstation auf und leitet diese später. In intensiven Gesprächen mit Bettina Schaefer schildert sie in ergreifenden Worten, wie sie die Situation vor Ort erlebt, die Überlebenden wahrnimmt, und vergleicht Eindrücke und Erfahrungen mit denen ihrer Hilfseinsätze 2005 nach dem Tsunami in Indonesien und dem schweren Erdbeben in Pakistan.
Hilfe leisten ist für sie selbstverständlich. Als Heldin sieht sie sich nicht.
Helden sind die, die bleiben.

Lass uns über Auschwitz sprechen

Gedenkstätte – Museum – Friedhof:
Begegnungen mit dem Weltkulturerbe Auschwitz

Herausgegeben von Bettina Schaefer
Vorwort von Micha Brumlik

Das ist ein wichtiges und gutes Buch. **Noach Flug, Sel. A., Jerusalem**

Das ist ein sehr gutes Buch. **Prof. Werner Nickolai, Freiburg**

Dieses Buch ist beeindruckend. Es ist hervorragend geeignet zur Vorbereitung von Fahrten in das Museum Auschwitz und zur Information aus unterschiedlichen Blickwinkeln – von verschiedenen Menschen, Situationen und Örtlichkeiten – auch außerhalb des Museums.
Diethardt Stamm, Lagergemeinschaft Auschwitz/Freundeskreis d. Auschwitzer e.V.

Auschwitz ist auch im 21. Jahrhundert mit der deutschen und der europäischen Geschichte verbunden wie kein anderer Ort. Wie Erinnerung und Gedenken insbesondere für die deutschen, aber auch die jährlich mehr als 1,2 Millionen Besucher aus aller Welt lebendig gehalten werden, stellt dieser Band dar.
In intensiven Gesprächen mit Überlebenden des Holocaust, Mitarbeitern des staatlichen Museums Auschwitz-Birkenau, Fachleuten und Besuchern bringt die Herausgeberin Auschwitz als internationale Gedenkstätte und Museum den Lesern nahe. Kenntnisse und Erfahrungen der Gesprächspartner – u. a. Noach Flug, Henryk Mandelbaum, Elsbieta Pasternak, Shosh Hirshmann, Werner Nickolai, Teresa Swiebocka, Tilman Daiger und Avner Shemesh – sind eine ausgezeichnete Vorbereitung für den eigenen Besuch, allein oder als Gruppe. Denn der Besuch von Auschwitz ist eine tiefgreifende persönliche Erfahrung für jeden, der sich auf die Erinnerung an den Holocaust einlässt.

Produktdaten: *340 S., 14,5 x 20,7 cm, Paperback, 92 s/w Fotos. 20,00 Euro.*
Brandes & Apsel, 2009